Sarah Walker

Nesthocker go home

Über dieses Buch

Für junge Erwachsene sind der Auszug aus dem Elternhaus und die damit verbundene Abnabelung von den Eltern ein dramatischer Schritt. Eine Reifeprüfung, die immer häufiger nach hinten verschoben wird. Viele junge Erwachsene bleiben im Nest hocken – und werden zu jenen Typen, die Harald Schmidt auf den ersten Blick erkennt: „Als ob er mental die Kuscheltiere am Kopfende mit rumschleppt. Als ob er permanent Bon Jovi aus der ersten selbst verdienten Stereoanlage hört." Wer mit den Eltern unter einem Dach wohnt, gilt als unreif, knauserig und faul. Doch das Hotel Mama mit Vollpension und Zimmerservice ist bestens belegt. Sarah Walker heftet sich dem Psycho-Trend an die Fersen und nähert sich als Verhaltensforscherin den oftmals absurden und gleichermaßen peinlichen Situationen, die entstehen, wenn erwachsene Kinder mit ihren allzu fürsorglichen Eltern zu lange unter einem Dach leben. Sie hält den Nesthocker-Familien den Spiegel vor – voller Humor, aber auch bitterböse und schonungslos.

Über die Autorin

Sarah Walker ist Teil des Comedy Duos Walker and Cantrell, das mit einer wöchentlichen Show in einem New Yorker Theater auftritt. Die Kolumnen der populären Autorin erscheinen regelmäßig im *Opium Magazine* und im *McSweeney's Online-Magazin*, außerdem arbeitet sie für die Late Show von David Letterman.

Sarah Walker

Nesthocker go home

Der einzig wahre Wegweiser in die Eigenständigkeit

Aus dem Amerikanischen von Ralph Sander

vgs EGMONT

Die amerikanische Originalausgabe erschien 2007
unter dem Titel „Really, You've Done Enough“,
bei TOW Books, Cincinnati, Ohio.
Published by Arrangement with Sarah Walker

Dieses Werk wurde im Auftrag der Jane Rotrosen Agenscy LLC vermittelt
durch die Literarische Agentur Thomas Schlück GmbH, 30827 Garbsen

Deutschsprachige Erstausgabe:
© 2009 bei vgs
verlegt durch EGMONT Verlagsgesellschaften mbH,
Gertrudenstraße 30-36, 50667 Köln

Redaktion: Valerie Kurth
Lektorat: Katrin Höller
Layout und Satz: Achim Münster, Köln
Umschlaggestaltung: ZERO Werbeagentur, München
Druck: Mohn media GmbH, Gütersloh
ISBN: 978-3-8025-3668-7

www.vgs.de

Widmung:

Für alle, die's verbockt haben,
und für alle, die Erstere lieben.
Anders ausgedrückt:
Dieses Buch ist jedem gewidmet.

Inhalt

Helfen Sie Ihrem Kind bei der Jobsuche

Eine Anmerkung von Linda Walker

Das Geschenk der Technologie

Gemeinsame Partys

Es bleibt in der Familie

Einführung

Sie haben Scheiße gebaut[1]

Ich finde, ein Glückwunsch ist angebracht. Sie als Eltern haben es geschafft, ein Kind in die Welt zu setzen und großzuziehen, und jetzt ist es Mitte zwanzig, vielleicht sogar Ende zwanzig,[2] und auch wenn es durchaus irgendwas zwischen drei und zehn Pfund abnehmen könnte, bewegt sich der Body-Mass-Index im normalen Rahmen. Außerdem liebt Sie Ihr Kind so sehr, dass es versteht, warum Sie ihm Geld geben wollen. Und es weiß, wie sehr Sie sich freuen würden, wenn es sich für die nächsten Monate bei Ihnen im Souterrain einquartiert (selbstverständlich mietfrei), um Ihnen zu helfen, das Nestfluchtsyndrom zu lindern. Die Tatsache, dass Sie nicht an diesem Syndrom litten, als Ihr Kind auszog, um zum College zu gehen, zeugt von seiner Sensibilität: So oft wie möglich kam es nach Hause, um eine kostenlose Mahlzeit zu ergattern und schmutzige Wäsche mitzubringen, nur, damit Sie sich nicht so allein fühlen.

Sie haben auch ein sehr intelligentes Kind großgezogen, da es bestens mit den neuesten wissenschaftlichen Erkenntnissen vertraut ist. So meldeten erst kürzlich einige wichtige Publikationen sowie mehrere dänische, Monokel tragende Wissenschaftler, dass beim sogenannten Finanziellen Alter 28 die neue 21 ist! Ihr Kind ist davon sehr begeistert, weil das nach einer Art Zeitreise klingt – oder zumindest danach, dass die Zeit stehen geblieben ist. Anders ausgedrückt: Ihr Kind fällt quasi in einen siebenjährigen Tiefschlaf und muss sich in dieser Zeit nicht um sich selbst kümmern (weil das ja jemand anders erledigt), und nach diesen sieben Jahren erwacht es gut ausgeruht, ist keinen Tag älter geworden und hat einen gut bezahlten Job, und vielleicht ist es sogar ein bisschen berühmt oder berüchtigt oder beides. Sie als Eltern müssen dabei alles in Ihrer Macht Stehende tun, um Ihrem Kind zu versichern, dass das durchaus wahr sein könnte. Betrachten Sie eine solche Verhaltensweise bitte nicht als wahnhaft oder ungesund, vielmehr beweisen Sie, dass Sie gute Eltern sind, weil Sie die Träume Ihres Kindes unterstützen. Per Definition sind Träume schließlich nichts anderes als Fantasien, die wahrscheinlich niemals Wirklichkeit werden. Aber wenn ein Kind

[1] *Hier sollte Philip Larkins Gedicht „Einen Vers drauf" stehen, aber ich konnte die Rechte dafür nicht bekommen. Ehrlich, es ist total schwierig, an Rechte zu kommen, nur um ein Gedicht abzudrucken. Und teuer! Allein für die Originalausgabe hätte ich nicht nur Lizenzgebühren für die USA, sondern auch für Großbritannien bezahlen müssen, wo so ziemlich alles doppelt so teuer ist. Aber das war schon cool, an einen Londoner Verlag eine E-Mail zu schicken. Irgendwie hatte das Stil. Weiß der Geier, was mich die Rechte für die deutsche Ausgabe zusätzlich gekostet hätten. Na egal. Wenn Sie jedenfalls das Gedicht lesen, werden Sie sehen, dass ich nicht einfach vulgär bin. Larkins Gedicht hatte mich ursprünglich dazu inspiriert, dieses Buch „Du kannst jetzt aufhören Scheiße zu bauen" zu nennen. Ich dachte, das würde den Kids gefallen. Aber letzten Endes hat mein Verlag das nicht gewollt, auch nicht, als ich vorschlug, das „Scheiße" durch „Sch****" zu ersetzen, damit sich keiner beleidigt fühlt. Weil das nicht geklappt hat, habe ich stattdessen das Wort „Scheiße" innerhalb des Buches so oft benutzt, wie es irgendwie ging. War mir ein Vergnügen.*

[2] *Sehr beeindruckend*

nicht versucht, nach diesen eigentlich unrealistischen Träumen zu streben, wird es sein wahres Potenzial nie ausschöpfen können. Wenn Sie ihm also jetzt den Traum vom Stillstand des Finanziellen Alters nehmen, können Sie ihm auch gleich nahelegen, dieses Spiel, das wir als Leben bezeichnen, ganz aufzugeben.

Diese Übersicht soll verdeutlichen, was es mit dem Stillstand des Finanziellen Alters auf sich hat:

Tatsächliches Alter	Finanzielles Alter
7	7
14	14
21	14
28	21

Ich sollte vielleicht noch erwähnen, dass es sich beim Emotionalen Alter völlig anders verhält. Die folgende Übersicht wird Ihnen im Umgang mit Ihrem Sohn oder Ihrer Tochter sicher nützlich sein:

Tatsächliches Alter *(Männer)*	**Emotionales Alter** *(Männer)*
7	7
14	7
21	7
28	7

Tatsächliches Alter *(Frauen)*	**Emotionales Alter** *(Frauen)*
7	7
14	14
21	21
28	42

Wenn Ihr Kind finanziell unabhängig ist, dann ist für Sie die obige Übersicht über den Stillstand des Finanziellen Alters ohne Nutzen. Allerdings haben Sie dann vermutlich Ihren Lebtag noch keine Regenwolke gesehen und führen ein perfektes Leben. Sie sind ja vielleicht zu beneiden. Ein finanziell unabhängiges Kind sollten Sie mit dem größten Respekt behandeln, denn das Geld, das Sie ihm nicht in den Rachen werfen, können Sie bedenkenlos in einen Latte Macchiato nach dem anderen umsetzen und nebenbei den armen Straßenmusikern noch was in den hingelegten Hut werfen. Während Sie sonst mit der Stoppuhr in der Hand zwei Minuten lang dabeigestanden haben, um zu sehen, ob die menschliche Statue nicht doch mal blinzelt, um dann zehn Cent zu spendieren, können Sie jetzt im Vorbeigehen – ohne auch nur langsamer zu werden – ein Fünfzigcentstück in den Hut fallen lassen und dem Künstler zuzwinkern, der das Zwinkern instinktiv vielleicht sogar erwidern wird. Früher wäre ein solches Zwinkern für Sie Grund genug gewesen, die menschliche Statue des Vertragsbruchs zu bezichtigen und Ihre Münze zurückzufordern, begleitet von einem triumphierenden „Aha!“ Ihrerseits. Aber dank der Tatsache, dass Ihr Kind finanziell unabhängig ist, können Sie sich über die Reaktion freuen und fröhlich pfeifend weiter Ihres Weges gehen. Dabei kümmert es Sie nicht, dass die menschliche Statue sich nicht das Zwinkern verkneifen konnte, was erklären dürfte, warum der arme Kerl auf der Straße stehen muss, anstatt zum Cirque du Soleil oder wenigstens zu einem anderen Zirkus zu ge-

hören. Ich meine, es dürfte schon ziemlich schwer sein, beim Cirque du Soleil einen Job zu bekommen.
Aber ein solches Leben führen nur ganz, *ganz* wenige Eltern, und wenn Sie nicht zu diesem erlesenen Kreis gehören, müssen Sie sich keine Sorgen machen. Wer will schon menschlichen Statuen Geld in einen Hut werfen? Ihr Kind ist die bedürftigste menschliche Statue von allen, und falls Ihr Kind sich auch noch als Straßenkünstler betätigt, dann gilt das für Sie erst recht! Elterliche Unterstützung sollte in finanzieller Form erfolgen, denn ich glaube, in jeder anderen Hinsicht hat Ihre Unterstützung und Fürsorge ihr ganzes Potenzial bereits ausgeschöpft – also all die Ratschläge, Empfehlungen und die Entschuldigungsschreiben an den Kunstlehrer, dass Ihre Tochter unter Hylophobie (Angst vor Holz) leidet und für den Kunstunterricht keine Holzfiguren schnitzen kann (was Sie aber eigentlich nur gemacht haben, damit sie nicht jeden Tag diesen Jungen in der Klasse sehen muss, der vor kurzem mit ihr Schluss gemacht hat). Das mag Ihnen vielleicht schwerfallen, aber womöglich ist Ihnen ganz am Rand Ihres Bewusstseins schon mal aufgefallen, dass Ihr Kind zwar erwachsen ist, aber nicht zwangsläufig alle Tassen im Schrank hat. Die technische Bezeichnung dafür lautet „verkorkst". Ich sag's ja nicht gern, aber Ihr Kind ist vermutlich verkorkster, als es Ihnen überhaupt klar ist. Einer der Hauptgründe dafür ist der, dass Sie zu gut für die Krankenversicherung Ihres Kindes gesorgt und zu oft seine Wäsche gewaschen haben, sodass es nun durch die Straßen von New York zieht und betrunken und unversichert ist, weil es aus eigener Kraft keinen geeigneten Krankenversicherer findet und viel zu viel Geld in den

Wäschereien in der Gegend ausgibt. Ein Grund mehr, Ihr Kind finanziell gut genug auszustatten, damit es sein Geld weiter in die Wäschereien trägt und glaubt, es habe tatsächlich etwas geleistet, wenn es am nächsten Tag auch trotz miesester Laune zu lächeln beginnt, sobald es den Beutel mit frisch gefalteten Kleidungsstücken und Handtüchern abholt.
Vielleicht haben Sie ja wirklich gute Arbeit abgeliefert, als Sie Ihr Kind großgezogen haben. Trotzdem sollten Sie nicht erwarten, dass Ihnen das von Ihrem Nachwuchs auch gesagt wird. Ich würde das meinen Eltern niemals sagen, obwohl es sogar offensichtlich ist. Sehen Sie mich doch an, ich habe ein Buch geschrieben! Im Augenblick antworten Sie mir darauf vielleicht mit: „Stimmt, aber sie hat ein Buch darüber geschrieben, dass Eltern nie aufhören, ihre Kinder zu verkorksen. Folglich muss ich annehmen, dass sie von ihren Eltern verkorkst wurde." Ja, ja, nehmen Sie das ruhig an, Sie ... Sie Annehmer! Aber ich schreibe das Buch, nicht Sie, also müssen meine Eltern irgendwas richtig gemacht haben, selbst wenn das womöglich gar nicht ihre Absicht war. Na großartig, das Buch wird jetzt kein Mensch mehr lesen wollen. Ich kann es nicht fassen, dass ich mir gerade eben einen Fluch an den Hals gehängt habe. Entschuldigen Sie mich bitte einen Moment.
Okay, ich habe mich gesammelt. Vergessen Sie bitte den letzten Absatz, es geht hier nicht um mich, sondern um Sie. Da Ihr Kind Ihnen nie – ganz gleich in welcher Form – sagen wird, dass es von Ihnen gut großgezogen wurde, befinden Sie sich in einem Zustand dauernder Ungewissheit. Aber wenn Sie den Ratschlägen in diesem Buch folgen, werden Sie nie irgendwelche Beteue-

rungen von Ihrem Kind hören müssen, denn auf den kommenden Seiten werden Ihre erzieherischen Fähigkeiten so sehr verbessert, dass Ihr Kind glauben wird, Sie seien als Eltern tatsächlich so gut, wie Sie es sind. Wenn ich meine Arbeit richtig mache, werden Ihre Kinder diese neuen Fähigkeiten so sehr zu schätzen wissen, dass die Anzahl der Besuche Ihrer Kinder um satte fünfzig Prozent steigen wird. Hatte ich schon erwähnt, dass ich damit die Anzahl der Besuche im Pflegeheim meine? Apropos Pflegeheim: Da werden Ihre Kinder auch mehr Geld als ursprünglich geplant springen lassen, damit Sie schöner untergebracht sind. (Aber nochmals die Warnung: Erwarten Sie von Ihren Kindern kein Lob, dass Sie so gute Eltern sind.) O nein, die werden Sie nicht fragen, ob Sie nicht bei ihnen leben wollen, und mit Ihren neu erworbenen erzieherischen Fähigkeiten werden Sie auch verstehen, welch ungeheure Belastung das für Ihre Kinder wäre, deren Ehe daran vermutlich zerbrechen würde. Übrigens, haben Sie keine Angst, Ihre Kinder werden absolut sicher heiraten. Die werden nicht einsam und allein sterben, nur weil sie mit ihren mittlerweile fünfundzwanzig Jahren noch immer keine ernsthafte Beziehung hatten. Oder meinen Sie, meine Eltern hätten gewollt, dass ich den sechzigjährigen Professor heirate, der mir von seiner Angst vorm Altern erzählte und dabei meine Hand streichelte und der dann bei einer langen, langen Umarmung seinen Kopf an meinen Hals drückte? Fünfundzwanzig ist die neue Achtzehn, und das wäre ja total verrückt, wenn ich … ich wollte sagen, wenn Ihr Kind mit achtzehn heiratet. Also hören Sie schon auf, gleich auszurasten, okay? Entschuldigen Sie mich bitte für einen Moment.

So, da bin ich wieder. Bevor Sie sich nun in dieses Buch vertiefen, müssen Sie bereit sein, sich meine Ausführungen völlig unvoreingenommen zu Gemüte zu führen und sich zu den meisten Ihrer Fehler zu bekennen, auf die ich Sie aufmerksam machen werde. Wenn ich beispielsweise meinen Eltern vorhalte, dass es vielleicht nicht die beste Lösung war, mir den Tod unseres geliebten Familienhunds Major[3] per E-Mail mitzuteilen, dann erwarte ich von ihnen, dass sie weise nicken und sagen: „Ja, Sarah, das war wohl nicht die rücksichtsvollste Art, um dir von Majors Ableben zu berichten. Nächstes Mal werden wir dich anrufen. Hier hast du hundert ... nein, zweihundert Dollar ... und ein Diamantencollier." Wenn also Ihr Hund stirbt, dann befolgen Sie bitte das Beispiel dieser hypothetischen Situation, von der ich mir sicher bin, dass sich meine Eltern heute wünschen, sie hätten entsprechend reagiert. Wenn Sie mehr Ratschläge zu dieser speziellen hypothetischen Situation wünschen, dann können Sie mir gern eine E-Mail schicken. Oder was noch besser ist: Schicken Sie mir diese hundert oder ruhig auch diese zweihundert Dollar. Und auch ein Diamantcollier, falls Sie eines zur Hand haben. Wenn Sie keines haben, dann kann ich eines von diesen Geschäften aus der Fernsehwerbung empfehlen, die Diamanten verkaufen. Die Leute, die diese Diamanten kaufen, sehen sehr attraktiv aus, leben in riesigen Apartments, machen Urlaub in Rom und hören klassische Musik. Kaufen Sie mir also bitte ein

[3] *Ihr Hund muss natürlich nicht „Major" heißen, obwohl ich diesen Hundenamen nur empfehlen kann. Aber wenn ich mir das so überlege ... nein, klauen Sie mir nicht den Namen meines Hundes. Davon kriege ich ja eine Gänsehaut.*

solches Diamantcollier, denn ich möchte auch so ein tolles Leben führen. Ich garantiere Ihnen, für Sie als Eltern wird das von großem Nutzen sein.

Ach, da wäre übrigens noch etwas: Wundern Sie sich nicht, wenn ich mal von der Tochter und mal vom Sohn rede, sondern geben Sie meinem Verleger die Schuld an dem Durcheinander. Ich wollte das Buch zweimal veröffentlichen, damit es die Eltern kaufen können, die entweder eine Tochter oder einen Sohn haben, und sie nicht dauernd umdenken müssen, wenn gerade mal das falsche Geschlecht an der Reihe ist. Meine heimliche Hoffnung war natürlich, dass sich Eltern von mehreren Kindern das Buch gleich zweimal kaufen, um für Töchter und Söhne gleichermaßen gewappnet zu sein. Mein Verleger meinte, das sei Beutelschneiderei auf Kosten von vier- und mehrköpfigen Familien, und als Folge davon herrscht jetzt heilloses Durcheinander in diesem Buch – und ziemliche Ebbe auf meinem Konto. Aber das soll nicht Ihr Problem sein (auch wenn Spenden immer willkommen sind).

Einst und jetzt

Im gleichen Alter, aber aus verschiedenen Epochen

Gerade jetzt denken Sie vielleicht: „Hören Sie, ich weiß, wie das ist, wenn man in den Zwanzigern ist. Ich war selber auch mal in den Zwanzigern." Gutes Argument. Allerdings hat sich seit damals eine Menge getan. Hier mal eine kurze Übersicht, was sich von damals bis heute alles geändert hat.

Mode

Damals: Sie trugen dicke, steife Kleidung, die Ihnen kaum Bewegungsfreiheit ließ, was Sie aber heute nicht mehr wahrhaben wollen. Stattdessen behaupten Sie, früher hätten die Leute es nicht so eilig gehabt und sich mehr Zeit gelassen. In Wahrheit waren die Stoffe so schwer, dass man sich nur mit Mühe von der Stelle bewegen konnte.

Heute: Wir tragen synthetische Fasern, die immer leichter und leichter werden, was unsere Kleidung folglich auch leichter macht. Natürlich könnten wir uns genauso dick einmummeln, wie Sie es früher gemacht haben, aber das wäre doch blödsinnig. Stattdessen verzichten wir lieber auf so viel Quadratzentimeter Stoff wie möglich, vor allem im Sommer und am Strand, denn mal ehrlich: Wie soll man denn seine Fantasie spielen lassen, wenn man nicht mal erahnen kann, was sich unter den zwei Zentnern Stoff versteckt?

Sprache

Damals: Politiker, Sportler, Würdenträger und andere wichtige Persönlichkeiten antworteten im Fernsehen auf klare Fragen mit einem klaren Ja oder Nein. Da gab es nichts zu deuten.

Heute: Wir haben es besser. Wenn unsere Politiker, Sportler, Würdenträger und andere wichtige Persönlichkeiten im Fernsehen etwas gefragt werden, beginnen sie die Antwort mit einem „Ja, gut, ich sag mal“ und lassen dann einen Redeschwall folgen, der fünf Minuten lang anhält, bis sich schließlich niemand mehr an die eigentliche Frage erinnern kann. Und falls doch irgendwer davon etwas verstanden hat, kann man sich immer noch mit einem „So war das nicht gemeint, da hat man mich falsch interpretiert“ rausreden. Von wegen „gute alte Zeit“!

Musik

Damals: Sie lauschten den Barden, die am Hofe ihre Lieder vortrugen, begleitet von einer Mandoline und einer Nachtigall in einem Käfig. Wenn niemand hinsah, wippten Sie im Takt der Musik unter Ihrer dicken Kleidung mit dem Fuß (was sich auf ungefähr dreimal Wippen in der Minute addierte).

Heute: Wir lauschen DJs, die auf guten alten Schallplatten rumkratzen, und wippen ungeniert im Takt der Musik mit allem, was wir haben, nicht nur mit den Füßen. Und manchmal ziehen wir uns sogar eine CD von Boybands rein, die so alt sind, dass sie schon mit Barden gesungen haben könnten, aber immer noch „Boys" sind.

Kunst

Damals: Sie gaben die Porträtgemälde für Ihren Reisepass bei Vincent van Gogh in Auftrag, weil Sie damals schon wussten, dass seine Arbeiten Jahrhunderte später ein Vermögen wert sein würden. Dass er Ihnen erst ein Ohr abschnitt, ehe er mit dem Malen begann, haben Sie dabei gern in Kauf genommen.

Heute: Alles wird als Kunst angesehen, man muss es nur richtig verkaufen. So wie mein Nachbar, der die Hinterlassenschaften seines Hundes vor dem Haus unberührt lässt und den Dreck zur Kunst erklärt. Aber wenigstens schneidet er niemandem ein Ohr ab.

Humor

Damals: Sie lasen mit Begeisterung die Peanuts-Strips von Charles M. Schulz und lachten über die Missgeschicke von Charlie Brown.

Heute: Wir lesen mit Begeisterung die Peanuts-Strips von Charles M. Schulz und lachen über die Missgeschicke von … oh, ich merke gerade, dass das nicht klappt. Na gut, weiter zum nächsten Thema.

Kommunikation

Damals: Sie trugen winzige Blechdosen mit sich herum, und sobald Sie mit jemandem Kontakt aufnehmen wollten, musste Sie die Dose mit einer der an jeder Ecke herumhängenden Schnüre verbinden, dann die Schnur straffziehen und der Vermittlung sagen, mit welcher Blechdose Sie verbunden werden wollten.

Heute: Wir tragen winzige Mobiltelefone mit uns herum und sind ständig erreichbar – was eigentlich die umgekehrte Wirkung der alten Blechdosen hat, denn während Sie da die Schnur straffziehen konnten, kann heute jeder andere an der unsichtbaren Schnur ziehen, die Sie erwischt, wo immer Sie sind. Auch wenn Sie mal fünf Minuten Ruhe haben möchten.

Fitness

Damals: Sie waren von klein auf gut trainiert, weil Sie erst kilometerweit bis zur Schule, später kilometerweit bis zur Universität und schließlich kilometerweit bis zur Arbeit gehen mussten, schließlich war ja das Rad noch nicht erfunden (glaube ich jedenfalls).

Heute: Wir müssen wöchentlich dreimal ins Fitness-Studio gehen, weil unsere einzigen noch trainierten Körperpartien der Gasfuß und der Fernbedienungs- bzw. Handy-Daumen sind.

Essen

Damals: Die Ernährung war meistens einseitig, weil Sie sich hochwertige Lebensmittel nicht leisten konnten, weshalb es häufig zu Mangelerscheinungen kam.

Heute: Wir wissen alles über die richtige Ernährung, allerdings dauert es so lange, bis wir uns entschieden haben, welches gesunde Gericht wir unserem Körper zum Mittagessen zum Geschenk machen sollen, dass wir uns zwei Hamburger und eine große Cola reinziehen, um den Hunger zu bekämpfen, den wir in der Zwischenzeit verspüren. Aber letztlich wählen wir dann noch einen kleinen grünen Salat mit einem Spritzer Essig und Öl aus, wir wollen uns schließlich gesund ernähren.

Trautes Heim

Wie in der guten alten Zeit ... nur heute!

Für sechs Monate war ich wieder bei meinen Eltern eingezogen, weil ich gerade keinen Job hatte und Geld sparen musste. Meine Eltern verlangten von mir, Lebensmittel einzukaufen und die Wäsche zu erledigen, obwohl ich auf keinem von beiden Gebieten irgendwelche Vorkenntnisse vorweisen konnte. Also kann man mir auch keine Schuld an dem anschließenden Ausbruch von Trichinose und der Wanzeninvasion geben. Das waren nämlich keine Folgen meiner Unfähigkeit, sondern mangelnde Voraussicht meiner Eltern.

„Swwalker“

So, so. Ihre Tochter hat sich also entschieden, nach dem College erst noch eine Weile bei Ihnen zu wohnen, während sie Fuß zu fassen versucht. Der Prozess des Fußfassens kann zwischen drei Monaten und acht Jahren dauern, also drängen Sie sie bloß nicht. Das Schlimmste, was Sie machen können, ist, Ihrer Tochter den Boden in dem Moment unter den Füßen wegzuziehen, in dem sie glaubt, für den großen Absprung bereit zu sein. Diese Lektion konnten Sie bereits lernen, als Sie sich im Sommer '94 mit ihr *Indiana Jones und der letzte Kreuzzug* angesehen haben, weil es bei McDonald's während einer dreiwöchigen Werbeaktion zu jedem Maxi-Menü einen Teil der Trilogie auf Video gratis dazugab. Ach, übrigens frage ich Sie, ob das wirklich so eine tolle Idee war, sich die Videos auf diesem Weg zu beschaffen. Erstens wissen wir heute, wie schädlich McDonald's für Kinder ist, zweitens hat heute doch sowieso kein Mensch mehr einen Videorekorder. Wofür also noch Videos? Da hätten Sie vielleicht vor dem Kauf gründlicher nachdenken sollen. Na egal. Auf jeden Fall kennen Sie ja aus diesem Teil der Trilogie die Szene, in der Indiana auf dem Weg zum Heiligen Gral ist und er sich ganz auf seinen Glauben verlassen muss, als er vor einer tiefen Schlucht steht. Sein Glaube lässt ihn den entscheidenden Schritt machen, und schon taucht vor ihm eine bis dahin unsichtbare Brücke über die Schlucht auf. Die Metapher dahinter sollte Ihnen jetzt klar sein: Sie müssen diese unsichtbare Brücke sein, die Indiana (also Ihr Kind) davor bewahrt, in den sicheren Tod zu stürzen. Unsichtbar und unterstützend, also übrigens völlig anders als Sean Connery, der in diesem Film Indys Vater spielt und nur Ärger macht! Genau genommen kann man Steven Spielbergs Film *Indiana Jones und der letzte Kreuzzug* als eine Allegorie auf die Nach-dem-College-und-vor-der-Ehe-Eltern-Kind-Beziehung betrachten, wenn auch als eine völlig abgedrehte Geschichte erzählt, in der unsterbliche Kreuzritter und Nazis eine Rolle spielen.

Und was macht jemand, der eine unsichtbare Brücke des Beistands ist? Nun, Sie versorgen Ihre Tochter jeden Tag mit drei gesunden und nahrhaften Mahlzeiten, Sie kümmern sich um die Wäsche, und Sie lassen sie mit Ihrem Wagen fahren – vorzugsweise ein umweltschonendes Modell, das die Luft nicht noch mehr verschmutzt, immerhin wird Ihre Tochter noch auf dieser Erde leben, wenn Sie schon längst darunter liegen. Ideal wäre außerdem ein gesonderter Zugang zum Quartier Ihrer Tochter oder vielleicht sogar ein Kutschenhaus/ein Poolhaus/ein Apartment über der Garage, wie es Kirk Cameron in seiner Rolle als Mike Seaver in der Serie *Unser lautes Heim* hatte. Falls Sie sich die Serie nie mit Ihrer Tochter angeschaut haben, dann genügt zu wissen, dass Mikes Eltern zwar streng mit ihm waren, wenn er sich wieder mal einen Streich erlaubt hatte, doch am Ende einer jeden Episode ließen sie ihn wieder an ihrer Liebe und Weisheit teilhaben. Aber selbst wenn das nicht der Fall gewesen wäre, sagte das wunderschöne Apartment über der Garage mehr als tausend Worte. Tja, Alan Thicke wusste mit Worten umzugehen, doch es gibt nur wenige Leute, die einen Thicke auf die Beine stellen können. Wussten Sie, dass Alan Thicke den Titelsong zu *Unser lautes Heim* geschrieben hat?

O ja, das war er. Thicke ist so was von cool. Er schrieb auch die Titelmelodie zur US-Serie *The Facts of Life*. Und Michael Jacksons Album *Thriller*. Und „Amazing Grace".

Wenn Sie der Gedanke nervös werden lässt, dass Ihre Tochter keine „eigene Wohnung hat" und „kein eigenes Leben führt" – nur die Ruhe. Stellen Sie sich einfach vor, Sie wären wieder auf dem College. Denken Sie nicht auch mit Wehmut zurück an die guten alten Zeiten, als Sie mit Ihren Freunden im Gemeinschaftsraum rumhingen und bei einer oder auch mehreren Flaschen Chianti oder einer von vielen illegalen Substanzen über das Leben, die Liebe, den Krieg oder irgendein anderes Thema diskutierten, das Sie in den Siebzigern als Hippie eben so interessiert hat? Oder vielleicht haben Sie ja auch Ihr Leben lang hart geschuftet, damit Ihre Tochter die College-Erfahrungen sammeln konnte, die Ihnen selbst vorenthalten blieben. Dann ist das Ihre Gelegenheit, um zumindest ein Versäumnis nachzuholen. Stellen Sie sich Ihr Kind als den liebenswerten Witzbold/Faulpelz vor, den man in jedem College-Film zu sehen bekommt. Der Typ, der für die Lacher sorgt und dem man einfach nicht lange böse sein kann, weil er so verdammt charmant ist. Bei einem Mädchen kann das auch funktionieren, aber nicht ganz so gut, weil Mädchen historisch betrachtet in diesen Filmen fast nie den liebenswerten Witzbold/Faulpelz spielen. Ist zwar bedauernswert, aber so ist das Leben nun mal. Wenn es also eine Tochter ist, die nicht Ihr Haus verlassen will, dann stellen Sie sich einfach vor, sie wäre vom Typ her wie die Dichterin Emily Dickinson: sehr begabt, verschlossen, sensibel, vielleicht auch noch lesbisch. Nur ein Scherz! Ihre Tochter ist vermutlich nicht lesbisch, aber wenn sie es doch ist, dann hat sie mit Emily Dickinson ja so viel gemeinsam! Stöbern Sie in ihren Sachen, wenn sie gerade mal aus dem Haus ist. Bestimmt entdecken Sie in ihrem Tagebuch ein paar Gedichte, die sich wunderschön reimen. Falls sie sich nicht reimen, ist das auch okay, bloß hat es dann mit Dickinson nicht mehr viel zu tun. Und vermutlich sind es dann auch keine Gedichte. (Mir ist egal, was die Leute sagen – wenn es sich nicht reimt, ist es kein Gedicht!)

Falls Sie der Vater sind, ist Ihr daheim gebliebenes Kind idealerweise Ihr Sohn. Der hat alle möglichen Pläne, um dem alten Hausdrachen (also Ihrer Ehefrau) Streiche zu spielen, weil die all diese dummen Regeln aufgestellt hat. Im Mädchen-Wohnheim am College in Ihrer Nachbarschaft können Sie gemeinsam auf BH- und Höschen-Beutezug gehen, indem Sie eine Leiter mitnehmen und durchs Fenster in eines der Zimmer einsteigen, während gleich nebenan eine Kissenschlacht tobt. Oder Sie organisieren Partys, bei denen Sie Gin Tonic trinken und auf der Ukulele spielen. Was, in Ihrer Nachbarschaft gibt es kein Mädchen-Wohnheim? Ist ja eigenartig. Na, dann legen Sie stattdessen eben einen Porno ein. Oh, halt, nein. Tun Sie das nicht. Ganz ehrlich: Es ist absolut unpassend und sehr, sehr befremdlich, sich mit dem eigenen Sohn Pornos anzusehen. So was hätten Sie eigentlich wissen sollen. Dass ich Sie erst noch darauf aufmerksam machen muss, wirft ja kein gutes Licht auf Sie. Andererseits ist rein gar nichts dagegen einzuwenden, wenn Mutter und Tochter sich einen Porno reinziehen. Indem das gesellschaftliche Stigma niedergerissen wird, von dem Pornografie umgeben ist, gelangt man zu einer offenen und ehrlichen Diskussion über Sex und die unerträgliche Fetischisierung der Frau in unserer Kultur – Themen also, die bei Gesprächen zwischen Ihnen und Ihrer Tochter bislang nur oberflächlich oder gar nicht zur Sprache gekommen sind. Immerhin sind Sie beide doch intelligente Erwachsene! Außerdem ist das eine hervorragende Methode, um herauszufinden, ob Ihre daheimgebliebene Tochter lesbisch ist oder nicht. Wenn sie an den lesbischen Szenen Gefallen findet, dann können Sie ja daraus Ihre eigenen Schlussfolgerungen ziehen.[1]

Vielleicht erscheint es Ihnen ein bisschen sexistisch, dass Sie einen daheimgebliebenen Sohn anders behandeln sollten als eine daheimgebliebene Tochter. Sehr gut, das war nämlich nur ein Test. In Wahrheit sollten Sie einen Sohn und/oder eine Tochter gleich behandeln. (Vergessen Sie aber nicht, dass Ihre Tochter vermutlich nicht den liebenswerten Witzbold/Faulpelz spielen wird, obwohl ... man kann nie wissen.) Wenn Sie auf die verrückte Idee kommen sollten, von Ihrem Kind Miete dafür zu fordern, dass es wieder in dem Haus lebt, in dem es seine Kindheit verbracht hat (Sie Rabenmutter/-vater!), dann wäre es vielleicht ganz gut, wenn Sie sich daran erinnern, wie bestürzt Sie waren, als Ihr Kind auszog, um aufs College zu gehen. Ihr Nestfluchtsyndrom war damals so überwältigend, dass Sie an einem Samstag eine dreistündige Autofahrt in Kauf nahmen, nur damit Sie Ihr Kind im Frisbeeteam in Aktion erleben konnten. Über das Wiedersehen hatten Sie sich so gefreut, dass Sie gar nicht erst darüber nachdachten, was für eine kindische „Sportart" das doch ist. Sie konnten sogar den Schmerz ignorieren, den Ihr geplatzter Traum auslöste, Ihr Kind könnte womöglich Profisportler werden und Ihnen von all dem Geld eines Tages ein neues Haus kaufen. Warum also beschweren Sie sich jetzt? Genießen Sie diese Zeit mit Ihrem Sprössling. Wer weiß, wann Ihr Sohn/ Ihre Tochter eine eigene Wohnung findet oder auf die Idee kommt, als Rucksacktourist durch Island zu wandern und sich da in jemanden zu verlieben, der aussieht wie Björk? Dann müs-

[1] *Wenn Sie zu dem Schluss gekommen sind, dass Ihre daheimgebliebene Tochter tatsächlich lesbisch ist, dann dürfen Sie sich jetzt auf die Schulter klopfen, weil Sie eine sexuell so fortschrittliche Tochter haben, die zwar unzählige Männer zu den wildesten Fantasien anregt, die von deren männlichem Charme aber gänzlich unberührt bleibt. Sie ist eigentlich so was wie eine Superheldin.*

sen Sie nämlich bis nach Island reisen, wenn Sie Ihr Kind sehen wollen, und Sie wissen doch, wie wenig Sie für Inseln mit vulkanischen Aktivitäten übrig haben.

Die verschiedenen Typen daheimgebliebener Kinder

Es gibt genau zwei Typen von daheimgebliebenen Kindern. Zum einen haben wir da das kluge, aufmerksame Kind, das noch nicht so genau weiß, was es mit seinem Leben anfangen will. Bis diese Erkenntnis kommt, spart es Geld, indem es bei den Eltern wohnt. Solche Kinder führen ein aktives gesellschaftliches Leben und arbeiten auf das große Ziel hin, in eine wichtige Metropole zu ziehen und sich mit ein paar Freunden ein viel zu teures Apartment zu teilen. Das sind Kinder, die höchstwahrscheinlich bei Ihren College-Streichen mitmachen würden.

Der zweite Typ des daheimgebliebenen Kindes ist ein Loser, vermutlich drogenabhängig oder selbst Dealer, der einfach nicht in die Gänge kommt und sich so lange wie nur möglich von Ihnen durchfüttern lassen will. Ein Kind von diesem Typ kann unmöglich der klügste Mensch auf Erden sein. Okay, vielleicht ist so ein Kind nicht gleich ein Drogendealer. Vielleicht fühlt es sich in Gesellschaft anderer Menschen einfach erbarmungslos unbehaglich und fürchtet sich vor jedem menschlichen Kontakt außerhalb des elterlichen Zuhauses, und vielleicht ist es hin und wieder doch ganz schlau, weil es eine Menge über Computer oder Videospiele weiß. Oder das Kind ist ein Genie wie Dustin Hoffman in *Rain Man* und kann auf Befragen sofort antworten,

dass der 20. März 1880 ein Samstag war (falls sich das rumspricht, dann werden auf einmal ganz viele Leute Fragen nach irgendwelchen Wochentagen vor Hunderten von Jahren stellen), aber das hat mit Klugheit nicht viel zu tun, denn sonst wäre ein solches Kind gar nicht erst wieder bei Ihnen eingezogen. Außer natürlich, Sie sind Multimilliardär mit eigenem Sportteam, dem Sie in Ihrer riesigen Villa einen ganzen Flügel mitsamt Tennisplätzen und Swimmingpool sowie mit angeschlossenem Grillplatz zur Verfügung gestellt haben. In dem Fall wäre Ihr Kind gar nicht klug (sondern ziemlich blöd), wenn es nicht bei Ihnen wohnen würde, um alle Freunde zu einem köstlichen Barbecue am Pool einzuladen.
Es gibt einen feinen Unterschied zwischen einem nicht daheimgebliebenen, arbeitslosen Kind und einem arbeitslosen Kind, das zu Hause lebt. Für ein Kind, das nicht bei Ihnen lebt, bedeutet Arbeitslosigkeit lediglich die notwendige Vorstufe zu jenem aufregenden Drama, wenn es endlich den begehrten Job bekommt und innerhalb von drei Wochen vom Mitarbeiter der Poststelle zum Vorstandsmitglied aufsteigt und dabei eine wilde Affäre mit der Frau vom Boss anfängt. Ein Kind, das zu Hause lebt, könnte theoretisch auch einen Job bekommen, aber es wird permanent von Selbstzweifeln geplagt und hängt unverändert an der metaphorischen Mutterbrust. Falls die übrigens nicht metaphorisch ist, dann haben Sie ein echtes Problem an der Backe! Dann kann ich Ihnen auch nicht weiterhelfen. Ehrlich nicht. Dann legen Sie das Buch aus der Hand, weil ich mit Ihnen nichts mehr zu tun haben will. Das ist eklig. Das klingt nach einem Horrorfilm, aber keinem von der Art, in dem Sarah Michelle

Gellar die Hauptrolle spielt, sondern so was richtig Gruseliges in der Art von *Das Haus der Vergessenen*. Falls wir aber immer noch über die metaphorische Mutterbrust reden, dann sollten Sie etwas metaphorischen Essig auf die metaphorische Mutterbrust auftragen, damit Ihr nicht-metaphorisches Kind metaphorisch abgestoßen wird und nicht länger an der metaphorischen Mutterbrust hängt. Okay, das war jetzt keine gute Metapher. Ich entschuldige mich dafür. Ich bin noch neu, was Ratgeberbücher angeht. Wo sind wir jetzt? Seite 10 oder so? Ich werde mich bessern. Wahrscheinlich jedenfalls.

Eine Nachricht der Autorin

Vermutlich fragen Sie sich jetzt: „Warum richtet die Autorin hier extra einige Worte an mich, wenn sie mich doch das ganze Buch hindurch direkt anspricht?“ Nun, das liegt daran, dass ich die Ratgeberei für einen Moment unterbreche und mich mit Ihnen im Schneidersitz an ein Lagerfeuer setze, damit wir uns von Angesicht zu Angesicht in einer ganz entspannten Weise unterhalten können. Schön, dass Sie sich auch so wohlfühlen. Sie können mich fragen, was Sie wollen. Oh, ich verstehe. Sie wollen wissen: „Warum sollte ich mir von einem Emporkömmling Ratschläge geben lassen, der nicht die geringste Ahnung von Kindererziehung hat?“ Ich werde Ihnen mal was erzählen. Ja, ich bin ein Emporkömmling und habe absolut keine Ahnung von Kindererziehung. Jetzt wissen Sie's. Aber ich werde Ihnen ein paar Dinge über mich erzählen, um Ihnen die Angst zu nehmen, Sie könnten mit verbundenen Augen von einer Blinden mit Watte in den Ohren über eine Brücke geführt werden ... eine, die nicht mal Indiana Jones gesehen hätte.

1. Ich beschäftige mich mit Hexerei. Das bedeutet, ich kenne mich mit Dingen aus, von denen andere keine Ahnung haben, außerdem bin ich älter als ich aussehe. Genau genommen gab es Hexerei schon vor dem Anbeginn der Zeit, folglich bin ich auch sehr alt und weise.

2. Meine Eltern ließen sich scheiden, als ich 23 war. 2 und 3 ergibt 5, also eine Primzahl, von denen es unendlich viele gibt, was den unendlich vielen Ratschlägen entspricht, die Sie von mir bekommen können.

3. Neulich sah ich in einer Tiersendung, wie ein Delfin mit einer Erektion aussieht, und das hat mir richtig Angst gemacht. Bis dahin hatte ich mich vor Delfinen nicht gefürchtet. Das bedeutet, ich bin eine sehr sensible Person, die angesichts zwingender Beweise bereit ist, ihre Meinung zu ändern.

4. *Alle Mörder sind schon da* ist mein Lieblingsfilm. Das bedeutet, ich habe einen Sinn für Humor und mag es, Rätsel zu lösen. Ich glaube, es ist klar, was das mit meinen an Eltern gerichteten Ratschlägen zu tun hat.

3. Mein Eingeständnis, dass *Alle Mörder sind schon da* mein Lieblingsfilm ist, anstatt zu sagen, dass beispielsweise Jean Renoirs *Die Spielregel* mein Lieblingsfilm ist, bedeutet, ich habe keine Probleme damit, Ih-

nen gegenüber völlig ehrlich zu sein. Selbst wenn ich dafür meine Würde opfern muss – Hauptsache, ich kann besagtes Opfer mit einem hochtrabenden Filmverweis verbinden.

6. Womit der Moment gekommen wäre, an dem ich Sie wissen lasse, dass meine liebste Sexszene in einem Film (ganz bestimmt hatten Sie sich schon gefragt, wann ich das endlich verraten würde) die Küchenszene in Bertoluccis *Die Träumer* ist. Diese Szene ist nichts für Menschen mit schwachem Herzen, weil der Küchenboden eine Rolle spielt und der Bruder dem Geschehen zusieht, während er Eier zubereitet. Aber keine Sorge, er macht Rührei. Dass ich Sie daran teilhaben lasse, bedeutet, ich kann in einer erwachsenen Art und Weise über erwachsene Dinge reden – und Ihnen eine sehr erotische Szene weiterempfehlen. Sie sollten das zu schätzen wissen, weil ich große Schwierigkeiten damit habe, Eltern gegenüber das Thema Sex zu erwähnen. Aber das habe ich jetzt gerade gemacht, und das zeigt sehr deutlich, dass ich selbstsicher auf schwierige Dinge zugehe.

7. Ich bin sehr gut im Fremdschämen. Das bedeutet, wenn ich jemanden sehe, der etwas für ihn sehr Peinliches macht (also zum Beispiel bei einer Casting-Show auftritt), dann ist mir das mindestens genauso pein-

lich. Sie sehen also, ich bin ein wirklich mitfühlender Mensch und kann Sie und Ihre Probleme als Eltern gut nachempfinden.

8. Ich liebe Bio-Cashewnüsse. Das hat mit meinen Ratschlägen gar nichts zu tun, aber wenn Ihnen mein Buch gefällt, dann könnten Sie mir doch einen Präsentkorb mit Bio-Cashewnüssen schicken. Die sind nämlich richtig teuer und würden sich gut als Dankeschön für meine viele Arbeit eignen.

Jetzt wissen Sie schon etwas mehr über mich, und ich hoffe, wir können diese wundervolle Reise gemeinsam fortsetzen, vorzugsweise mit einer großen Tüte Bio-Cashewnüsse in Reichweite.

Kindheitsmythen

... an denen Sie auch heute noch festhalten können

Eltern lassen ihre Kinder gern an bestimmte Mythen glauben, die die Kindheit umso geheimnisvoller und aufregender machen. Da wäre zum Beispiel der Weihnachtsmann. Mit der Zeit werden diese Mythen aber als solche enthüllt, und auf einmal wird Ihr Kind mit der brutalen Erkenntnis konfrontiert, dass dieser seltsame, bärtige und fettleibige Kerl, der einmal im Jahr Geschenke abliefert, gar nicht existiert. Es gibt aber einige Mythen, über die Sie Ihr Kind niemals aufklären sollten, weil sie Ihnen helfen, mit schwierigen Situationen zurechtzukommen, und weil sie im Angesicht des Unbekannten eine vertraute Größe darstellen. Hier ein paar von diesen Kindheitsmythen, an denen Sie auch gegenüber Ihrem längst erwachsenen Kind weiter festhalten sollten.

Opas Geist lebt in einer Whiskyflasche

Als Ihr Kind acht war, starb der Großvater. Bei der Beerdigung flüsterten Sie Ihrem Ehepartner zu, dass die unsterbliche Seele Ihres Schwiegervaters wohl kaum im Himmel, sondern eher in einer Whiskyflasche weiterleben würde. Das bekam Ihr Kind mit und hielt es für die Wahrheit. Egal wie wahr oder unwahr das nun sein mag – mal ehrlich, wer weiß denn schon, ob es wirklich einen Himmel gibt und ob Opas Himmel nicht vielleicht doch in einer Whiskyflasche zu finden wäre, ähnlich wie bei *Bezaubernde Jeannie* –, bei Ihrem Sohn hat der Mythos nachhaltige Wirkung gezeigt. Wenn er gebeten wird, ein Glas Whisky einzuschenken, kann er ganz ohne Ironie erklären: „Der Geist meines Opas steckt da drin." Zugegeben, das hat einigen Beziehungen Ihres Kindes ganz erheblich geschadet. Dafür hat es aber auch kein Alkoholproblem, weil es vermutet, dass die Großeltern anderer Leute ebenfalls in deren Schnapsflaschen leben. Das macht Ihr Kind zu einem gesünderen Menschen. Jedenfalls körperlich. Natürlich halten andere Leute Ihr Kind deshalb für ein bisschen verrückt, aber das ist halt eine Macke Ihres Kindes, das in jeder sonstigen Hinsicht absolut normal ist. Außer dass es auf Partys eine völlige Schnarchnase ist.

Der Indianer im Wäscheschrank

In Anlehnung an das Kinderbuch *Der Indianer im Küchenschrank* besagt dieser Mythos, dass immer dann, wenn Ihr Kind den Wäscheschrank öffnet und Bettwäsche herausnimmt, um das Bett frisch zu beziehen, ein winziger Indianer auf einem winzigen Büffel auf das Laken springt und beim Beziehen hilft. Zwar hat Ihr Kind niemals erlebt, dass das tatsächlich passiert, aber es hat auch nie die Hoffnung aufgegeben. Erklärt haben Sie das beharrliche Fernbleiben damit, dass Ihr Kind das Laken nie richtig glatt gezogen hat. Der Indianer hat Ihr Kind nicht für würdig angesehen, von einem stolzen, winzigen Indianer und dessen stolzem, ebenso winzigem Büffel Hilfe zu erhalten. Also hat Ihr Kind sich immer noch ein bisschen mehr angestrengt und wäscht und wechselt noch heute einmal in der Woche die Bettwäsche – und es ist für sein äußerst ordentlich gemachtes und angenehm duftendes Bett bekannt.

Hexenkugeln

Hexenkugeln sind wunderschöne, mundgeblasene Glaskugeln, die traditionell ins Fenster gehängt werden, um Hexen abzuwehren. Die werden von dem farbenprächtigen und eleganten Design der Kugeln angezogen, und sobald sie sich diese näher ansehen wollen, sorgt eine besondere Macht dafür, dass sie in den Kugeln gefangen werden. Das ist natürlich hinterwäldlerisch. Aber Sie haben Ihrem Kind beigebracht, dass in jeder Kugel, die bei Ihnen zu Hause im Fenster hing, eine Hexe lebte, und wenn Ihr Nachwuchs nicht vorsichtig damit umgeht, dann kommt die Hexe frei und rächt sich mit einem schrecklichen Fluch. Die Folge davon war, dass Ihr Kind nicht nur diese Kugeln, sondern alle runden Objekte sehr, sehr vorsichtig behandelte und bis heute ein beeindruckendes Geschick im Umgang mit dem Basketball besitzt.

Arbeitslosigkeit

Motorradgangs und Nobelpreise

Als ich arbeitslos war, halfen mir meine Eltern mit einem monatlichen Geldbetrag aus. Das war sehr großzügig von ihnen, sogar viel zu großzügig, weil ich mit dem Geld eine kleine Bande Abtrünniger zusammenstellen konnte, die in einem riesigen gelben Schulbus den Südwesten der USA in Angst und Schrecken versetzte. Wir rammten Briefkästen und verteilten Ohrfeigen – im wahrsten Sinn des Wortes, weil es sich um zu Ohren geformte Feigen handelte, die widerwärtig schmeckten. Die Leute fingen an zu würgen, und ein paar mussten sich sogar übergeben. Die Zeit, die ich in diesem Bus verbrachte, fehlte mir allerdings bei der Suche nach einer Lösung für die globale Erwärmung, weshalb wir heute auf eine weltweite Sauna zusteuern.

„Walker, Sarah"

Ihr Kind ist also arbeitslos? Gut gemacht.
Während die Kinder anderer Leute Jura studieren, mit Aktien handeln oder Erstklässlern das Lesen beibringen, hat sich Ihr Nachwuchs geweigert, seine Seele an irgendeinen Konzernboss zu verkaufen und sein Leben der abscheulichen Profitgier zu widmen. In dieser Hinsicht haben Sie ganze Arbeit geleistet. Sie haben Ihrem Kind beigebracht, nicht nur ans Geld zu

denken, sondern das zu schätzen, was im Leben am kostbarsten ist: Freizeit.

Bevor Sie sich jetzt aber lobend auf die Schulter klopfen, weil Ihr Sohn arbeitslos ist, sollten Sie sich erst einmal etwas anderes vor Augen führen. Während dieser Freizeit hat Ihr Sohn nämlich Zeit und Muße, über seine Erziehung nachzudenken und sich womöglich auch noch Gedanken über die Ursachen zu machen, die zu dieser Arbeitslosigkeit geführt haben. So wohlmeinend Ihre Absichten auch gewesen sein mögen, als Sie Ihren Sohn in diesem einen Sommer überredet haben, das Haus des Großvaters zu streichen, können die tollwütigen Waschbären und Großvaters ständige Bajonettlektionen aber der Grund gewesen sein, dass Ihr Sohn seither kein Interesse mehr an einer wie auch immer gearteten Beschäftigung hat. Ich möchte Ihnen die Situation anhand der nachfolgenden, höchst wissenschaftlichen Grafik verdeutlichen, die Sie erkennen lässt, in welchem direkten Zusammenhang ein Mehr an Freizeit dazu führt, dass sich Ihr Sohn umso ausgiebiger Gedanken über Fehler bei seiner Erziehung machen kann.

Man beachte, wie sehr dieses Diagramm dem vom Verhältnis zwischen Angebot und Nachfrage gleicht, das einen der

Grundpfeiler in der Geschäftswelt darstellt, die wiederum jene Welt ist, in der die Leute arbeiten, die einen Job haben. Schon ironisch, wie?

Wie man deutlich sieht, entspricht Punkt B der idealen Menge an Freizeit. Aber wie erreicht man diesen Punkt B? Die Antwort: Rüsten Sie Ihr Kind mit genug Geld aus, damit es ihm möglich wird, die perfekte Balance zwischen Freizeit und Nachdenken zu wahren. Und mit „genug" meine ich wirklich „genug".

Natürlich wollen Sie, dass Ihr Sohn über wichtige Themen wie die Umwelt, Pandas und so weiter nachdenkt. Denn wenn er nicht mit dem belastet ist, was Faschisten als „Job" bezeichnen, dann könnte er vielleicht die globale Erwärmung stoppen! Das ist heutzutage schließlich eine heiße Sache – in der Theorie und erst recht in der Praxis. Wäre das nicht toll? Ihr Sohn ein in aller Welt anerkannter Wissenschaftler, was doppelt so beeindruckend wäre, weil er ja wohl gar keine wissenschaftliche Ausbildung genossen hat, als er seinen Abschluss in „Amerikanischer Kunst, 1790–1820" machte. Vermutlich würde er den Nobelpreis gewinnen, und dann könnten Sie alle Vorteile und Vergünstigungen nutzen, die sich im Fahrwasser des Ruhms einstreichen lassen, angefangen bei der Preisverleihung in Stockholm, wo Sie bestimmt dem schwedischen König begegnen werden. Dann würden Reisen zu abgeschiedenen Inselparadiesen folgen, und Sie hätten einen fest reservierten Stammplatz in den exklusivsten Restaurants der Stadt, wo Ihnen Hollywoods A-Prominente über den Weg laufen würden. Die wiederum sind total umweltbewusst und besitzen jeder sieben Elektroautos und eine Farm mit freilaufenden Hühnern auf ihrem Anwesen in

Malibu, außerdem lassen sie Gletscher aus Peru importieren, für deren Überleben sie sorgen, indem sie die Klimaanlage im Wohnzimmer auf maximale Leistung einstellen. Und wenn Sie dann noch mit Filmstars gesehen werden, die Sie zu Ihrem unglaublich genialen Sohn beglückwünschen, dann landen Sie vielleicht noch als der große Unbekannte an der Seite eines Promis in den Klatschspalten. Während Sie dadurch Ihre Anonymität wahren und sich die Paparazzi und letzten Endes einen Nervenzusammenbruch vom Hals halten, macht sich das in dem kleinen Sammelalbum, in dem Sie alle Zeitungsausschnitte sammeln, doch sehr schön. All das könnte auf Sie warten, wenn Sie Ihrem Kind genau so viel Geld geben, dass es sich in einen bequemen Sessel setzen und nachdenken kann, um schließlich das Problem der globalen Erwärmung zu lösen.

Geben Sie Ihrem arbeitslosen Sohn aber zu viel Geld, dann zieht er los, kauft sich ein Motorrad und eine Lederjacke und schließt sich einer Gang von Motorradrockern an, die im Mittleren Westen des Landes Angst und Schrecken verbreitet. Das Ganze gipfelt letztlich darin, dass eine nichts ahnende junge Touristin an einem Imbiss nach dem Weg fragt und sich dabei gegen das erste Motorrad der Gang lehnt, das umkippt und im Dominoeffekt alle anderen Maschinen ebenfalls zu Boden reißt. Ihr Sohn ist dann einer von zwanzig Motorradrockern, die gemeinschaftlich auf die Touristin losgehen, sich aber in alle Himmelsrichtungen absetzen, sobald die Kleinstadtcops ihr Mittagessen im Imbiss unterbrechen und die Bande festnehmen wollen. Alle können den Cops entwischen, nur nicht Ihr

Sohn, den die anderen Rocker einfach stehen lassen, obwohl er bis dahin gedacht hatte, mit dem Rest der Gang eng befreundet zu sein. Die Polizei wird Ihren Sohn dann triumphierend ins Gefängnis stecken, das nur aus zwei Zellen besteht – eine für die Säufer und eine für die Nutten am Ort. In welcher Zelle Ihr Sohn landen wird, wollen Sie wissen? Kommt ganz darauf an, wie die Cops an dem Tag gelaunt sind.

Wichtig an dieser Geschichte ist vor allem eines, nämlich die Tatsache, dass Sie auf diese Weise niemals mit einem Enkelkind rechnen können. Ihre einzige Hoffnung ist die, dass Ihr Sohn im Gefängnis Jesus für sich entdeckt und sich in eine der Nutten verliebt, die zufälligerweise auch Jesus für sich entdeckt hat, woraufhin die beiden ein neues Leben beginnen und eine Familie gründen. Sollten Sie eine Tochter haben, die es zu den Rockern verschlagen hat, dann können Sie nur darauf hoffen, dass sie auch Jesus für sich entdeckt und sich in einen der Säufer verliebt, der rein zufällig auch auf den Jesustrip geraten ist. In jedem Fall wird das Kind später einen vorbestraften Elternteil haben, aber wenigstens können Sie sich über ein Enkelkind freuen.
Wenn Sie Ihrem Sohn aber genug Geld geben, um das Problem der globalen Erwärmung zu lösen, wird er vermutlich eine umweltbewusste Schauspielerin heiraten, und dann können Sie sich sogar über drei Enkel freuen, bis die Ehe schließlich in die Brüche geht. Es sei denn, Ihr Sohn kann irgendein anderes Problem lösen, zum Beispiel Erdbeben verhindern. Wenn so etwas gelingen sollte, dann werden die Medien sich wie wild darauf stürzen, und dann dürfte die Schauspielerehefrau auch fest an

seiner Seite bleiben, weil Filmstars allen Schönheitsoperationen zum Trotz nicht jünger werden, Hollywood nun mal auf Jugendlichkeit fixiert ist und Stars jede Publicity gebrauchen können, die sie abbekommen.
Der korrekte Betrag für Ihren arbeitslosen Sohn sollte hoch genug sein, um Ausgaben für Annehmlichkeiten wie Jazz-CDs und Kaschmirsocken zu decken. Solche Anschaffungen sorgen für eine gemütliche Atmosphäre, um über die Lösung der Probleme dieser Welt nachzudenken, ohne sich Gedanken darüber zu machen, welche Rolle Sie womöglich bei diesen Problemen spielen.

Arbeitslosigkeit

Von kreativen und unkreativen Kindern

Bücher und Ähnliches zu schreiben, ist ein richtiger Beruf. Auch wenn ich nur zu Hause sitze und manchmal lange Spaziergänge unternehme, schreibe ich die ganze Zeit. Entweder in meinem Kopf oder auf einem kleinen Notizblock, den ich von Zeit zu Zeit aus der Tasche ziehe, wenn ich inmitten großer Menschenansammlungen stehe, damit jeder weiß, dass ich soeben eine großartige Idee hatte, die ich unbedingt aufschreiben muss, ehe sie in den Äther entweicht und von einem anderen gedacht wird. Soll ich Ihnen mal was sagen? Ich glaube, Sie sind bloß eifersüchtig.

„Sarah"

Sollte Ihre Tochter von der kreativen Sorte sein und Ihnen erklären, dass sie arbeitet (indem sie schreibt oder malt oder webt), obwohl sie rein technisch betrachtet schlicht arbeitslos ist, dann wird mehr Geld nötig, um für dieses Kind zu sorgen.
Kreative Menschen denken immer. Es ist wirklich eine immense Belastung, was sie den ganzen Tag über zu denken haben, in erster Linie über sich selbst, über den Existenzialismus und anderen Scheiß. Wenn Ihre Tochter einer von diesen kreativen Typen ist, dann stecken Sie ganz tief in der Patsche, weil alle Wege des tiefgründigen Nachdenkens am Ende immer nur zu Ihnen führen.

Hier ist ein beispielhafter Gedankengang einer arbeitslosen kreativen Person Mitte zwanzig:

Ich habe Hunger. → Ich sollte mir etwas kochen, um Geld zu sparen. → Ich kann nicht kochen. → Meine Eltern haben zu viel für mich gekocht, darum verspüre ich jetzt so schrecklichen Hunger. → Ich sollte mir ein kreatives Sandwich belegen.

Und hier ein beispielhafter Gedankengang einer arbeitslosen unkreativen Person Mitte zwanzig:

Ich habe Hunger. → Ich habe nichts zu essen. → Ich habe keine Ahnung, was ich jetzt machen soll. → Meine Eltern haben das Essen immer irgendwie auf den Tisch gezaubert. → Ich werde weiter hungern, weil ich nicht zaubern kann.

Man beachte den feinen Unterschied, dass eine kreative Person einen Plan entwickelt, um etwas gegen den Hunger zu unternehmen, während die unkreative Person sich am Rande des Schwachsinns bewegt und in Zeiten der Siedlertrecks keine zwei Tage überlebt hätte. Zwar hätte man sie während der Hexenverbrennungen auch nie der Hexerei bezichtigt, aber ob sie nun verhungern oder auf dem Scheiterhaufen verbrennen, ist mit Blick auf das Ergebnis doch ziemlich egal. Das Ganze ist zugleich auch eine wichtige Lektion, die den Wert der Kreativität verdeutlicht, da Kreativität und Idiotie letztlich ein und dasselbe sind. Sie dürfen diese Erkenntnis gern mit

Ihrer Tochter teilen und sie dabei auch als Ihre eigene Weisheit ausgeben.[1]

Die Vorteile eines kreativen Kindes liegen auf der Hand. Die Wahrscheinlichkeit ist hoch, dass es schneller als ein unkreatives Kind eine Lösung für die globale Erwärmung finden wird. Zwar besteht die (wissenschaftlich erwiesene) Chance von 90 Prozent, dass Ihr arbeitsloses Kind nur genügend Geld braucht, um die Welt vor einer Umweltkatastrophe zu bewahren, aber wenn es sich um ein kreatives Kind handelt, wird es das schneller und mit mehr Schneid erledigen als ein unkreatives Kind.

So wird das kreative Kind wahrscheinlich eine Superhelden-Persönlichkeit annehmen – zum Beispiel wie Captain Planet, nur nicht so schwul – und die bösen Industriellen daran hindern, weiter unsere Ozeane und die Luft zu verschmutzen. Das kreative Kind wird sich auch einen markanten Slogan ausdenken. Beispielsweise so was: „Die Umwelt retten? Mach ich doch mit links." (Falls es Linkshänder ist, sonst „mit rechts".) Und wenn es dann den bösen Industriellen geschnappt hat, der soeben fliehen wollte, und den schwitzenden Schurken über ein riesiges Fass mit Giftmüll hält, dann kommt ein Spruch wie dieser: „Sieht so aus, als könntest du ein bisschen Abkühlung vertragen."

[1] *Das war nur ein Test. Kreativität und Idiotie sind in Wahrheit zwei völlig gegensätzliche Dinge. Wenn Sie so etwas als Ihre eigene Weisheit mit Ihrem Kind teilen, dann sollten Sie sich wirklich schämen. Abgesehen davon sollten Sie damit aufhören, irgendwelche Weisheiten weiterzugeben, vor allem dann, wenn sie offensichtlich verkehrt und dazu auch noch geklaut sind.*

Das kreative Kind wird sich auch ein passendes (aber nicht schwul aussehendes) Outfit zulegen, das es blitzschnell anziehen kann, wenn Gefahr droht. Es wird sich nicht gerade von selbst an die Medien wenden, aber seine Leistungen und Heldentaten werden überall für Schlagzeilen sorgen, sowohl wegen ihrer Eleganz, mit der sie vollbracht werden, als auch wegen der unterschwelligen Finesse und des Großmuts. Alles in allem wird das zum Ende der globalen Erwärmung führen, und dann wird das zu einem großen Kinofilm verarbeitet, in dem der Promi-Ehepartner Ihres Kindes eine Hauptrolle spielt.

Ist Ihr Kind dagegen unkreativ, wird es wahrscheinlich in dem bequemen Sessel sitzen, die Kaschmirsocken tragen und sich eine Art-Tatum-Platte anhören, während es mit Gleichungen jongliert und nach einem wissenschaftlichen Weg sucht, um die globale Erwärmung zu bekämpfen. Es wird seine langatmigen Thesen in einem wissenschaftlichen Journal veröffentlichen, wo andere Wissenschaftler sie lesen und dann die vorgeschlagenen Methoden Ihres Kindes in die Tat umsetzen, um die Welt zu retten. Gääääääähn. Wo bleibt denn da die Prahlerei, die Effekthascherei? Manchmal ist es tatsächlich die Reise, die im Leben am wichtigsten ist,[2] und da wird Ihrem unkreativen Kind etwas ganz Fantastisches entgehen.

[2] *Das ist ein Klischee, und so wie alle Klischees sollte es – obwohl es zutrifft – nur sehr sparsam benutzt und vor allem nur dann ausgesprochen werden, wenn die Situation es unbedingt erforderlich macht. Die Diskussion darüber, dass ein Superheld die globale Erwärmung stoppen sollte, ist eine solche Situation.*

Der erste Job für Ihr Kind

Machen Sie am ersten Tag ein Foto, und basteln Sie daraus einen Weihnachtsanhänger

Mein erster Job bestand darin, bei einem großen Fernsehsender Besuchergruppen durchs Haus zu führen. Pro Tag führte ich fünf Gruppen zu je dreißig Leuten durchs Haus, und das sechs Tage am Stück. Als Folge davon begann meine Uniform zu miefen, weil ich keine Gelegenheit hatte, sie zu reinigen. Wo waren meine Eltern, als ich sie am nötigsten brauchte? Oh, die waren „zu Hause" und mit ihren „Jobs" beschäftigt. Weil sie nicht vorbeikamen und meine Uniform reinigten, wurde ich von meinem sehr peinlich berührten Vorgesetzten zu einem sehr peinlichen Gespräch bestellt, bei dem er mir sagte, ich würde unangenehm riechen. Als wäre das nicht schon schlimm genug gewesen, musste ich das Ganze auch noch irgendwie in eine witzige Story verpacken, als mich meine Freundinnen fragten, was passiert war. Insgeheim hätte ich mich am liebsten in irgendeinem Loch verkrochen.

„Sarah Walker"

Das ist ein bewegender Augenblick. Ob Ihr Sohn den ersten Job mit einundzwanzig oder mit achtundzwanzig Jahren bekommt, so oder so sollten Sie vor Stolz nahezu platzen. Okay, während der Schulzeit hat Ihr Sohn als Sommerjob vielleicht schon mal als Schlichter im Feriencamp gearbeitet oder Gras verkauft, aber das hier ist jetzt ein echter, richtiger Job! Ich möchte Ihnen ein paar Tipps mit auf den Weg geben, die Sie beherzigen und auch weitergeben sollten, weil Ihrem Sohn damit geholfen wird, in seinem ersten Job Erfolg zu haben.

1. Achten Sie darauf, dass Sie Ihrem Sohn an seinem ersten Arbeitstag ein ausgewogenes Essenspaket zusammenstellen, und legen Sie einen kleinen Zettel dazu, auf dem geschrieben steht, wie stolz Sie auf ihn sind. An den Zettel sollten Sie einen Zwanziger klemmen, damit Ihr Sohn nach Feierabend mit den Kollegen, mit denen er sich auf der Arbeit angefreundet hat, noch einen trinken gehen kann. Sollte er nicht mehr bei Ihnen wohnen, dann können Sie den Overnight-Service von FedEx, UPS oder einem anderen Kurierdienst in Anspruch nehmen, damit die belegten Sandwiches auch bestimmt frisch bei ihm ankommen. Lassen Sie das Päckchen gleich zum Arbeitsplatz liefern, weil es cool und wichtig aussieht, wenn gleich am ersten Arbeitstag ein Kurier etwas für ihn ins Haus bringt! Benutzen Sie als Absender aber bitte ein Pseudonym – Sie wollen Ihren Sohn doch nicht als Loser dastehen lassen, der sich sein Essen von den Eltern schicken lassen muss, damit er nicht verhungert. Nehmen Sie am besten einen bekannten Namen. Schreiben Sie zum Beispiel „Mit Liebe, Forest Whitaker" oder „Ich bin so stolz auf dich, Reese Witherspoon". Falls Sie tatsächlich Forest Whitaker oder Reese Witherspoon sind, dann sollten Sie Ihren Sohn sogar auf der Arbeit besuchen, weil er anschließend Dutzende von guten Freunden und Freundinnen haben wird – auch wenn die in Wahrheit alle nur mit einem von Ihnen schlafen wollen (womöglich auch mit Ihnen beiden).

2. Es ist klar, dass Ihr Sohn bei seinem ersten Job einen guten Eindruck machen soll, und das heißt, er muss gut aussehen. Niemanden interessiert die Persönlichkeit, wenn ein neuer Kollege das Büro betritt. Jeder will nur beurteilen, ob das Aussehen gut genug ist, um Respekt zu rechtfertigen. Also ist für den ersten Tag im ersten Job ein Erstausstattungsscheck angesagt, der sich je nach Inflationsrate irgendwo in der Größenordnung von zwei Riesen bewegen sollte und der unbedingt auch die Wechselgebühren für den Fall decken sollte, dass Ihr Sohn in einem anderen Land arbeitet. Das Geld reicht für einen neuen Anzug, neue Schuhe und den Friseur mitsamt Make-up-Beratung. Oh, Moment. Ich möchte wetten, Friseur und Make-up-Beratung werden ein Stück teurer sein. Ach, schreiben Sie den Scheck vorsichtshalber über drei Riesen aus. Das mag mehr sein, als Ihr Sohn in einem Monat an Gehalt gezahlt bekommt, aber allein das blendende Aussehen wird ihm schon in Kürze eine massive Gehaltserhöhung bescheren. Achten Sie unbedingt darauf, dass Sie ihm diesen einen Punkt ganz besonders eintrichtern: Er muss immer so attraktiv wie möglich aussehen, damit alle ganz begeistert sind.

3. Machen Sie Ihre Tochter darauf aufmerksam, dass nichts dagegen einzuwenden ist, wenn man mit dem Boss flirtet. Aber mit ihm zu schlafen, ist dann wiederum keine so gute Idee.

Natürlich müssen Sie das Ihrer Tochter auf eine sehr dezente Weise vermitteln, weil das Thema Sex gegenüber Ihrem erwachsenen Kind absolut tabu ist. Daher wäre es vielleicht am sinnvollsten, wenn Sie Ihr Anliegen in einer Art Code rüberbringen, etwa so: „Manchmal ist es besser, sich einen besonders schönen Apfel nur anzusehen, anstatt ihn zu pflücken. Wir wissen schließlich alle, was mit Eva passiert ist." Wenn Sie dann Ihrer Tochter noch lange und nachdrücklich zuzwinkern, dann wird sie die Anspielung auf die Bibel schon verstehen und wissen, dass Sex mit dem Boss verboten ist. Außerdem wird sie Ihnen sehr dankbar dafür sein, dass Sie es nicht in deutlichere Worte verpackt haben, auch wenn das – unverzichtbare – Zwinkern vielleicht ein wenig verstörend gewirkt haben mag.

4. Sie müssen Ihrer Tochter klar und deutlich zu verstehen geben, dass sie sich bei Büropartys und vor allem bei Weihnachtsfeiern nicht betrinken soll, vor allem weil das ein ganz, ganz schreckliches Klischee ist und mehr in die Achtzigerjahre gehört als in unsere Zeit. Halten Sie Ihrer Tochter vor Augen, dass eine Schnapsbar, bei der sich jeder nach Lust und Laune bedienen kann, eine *sehr* gefährliche Angelegenheit und sehr eng mit dem vorangegangenen Ratschlag in Sachen Eva, verbotene Frucht etc. verbunden ist. Außerdem ist es durch Digitalkameras und das Internet ganz einfach geworden, Fotos von volltrunkenen Angestellten zu verbreiten, die erst lallend und mit glasigem Blick auf ihren Chef einreden und dann mit dem Gesicht voran auf einem Tablett voller Appetithäppchen gelandet sind. Solche Fotos sind nicht unbedingt hilfreich, wenn man nach der ausgelassenen Weihnachtsfeier gefeuert wurde und einen neuen Job sucht.

5. Als Folge der oben genannten Regel gilt, wenn Ihre Tochter sich während der Woche (ohne Kollegen und ohne Boss) betrinkt, dann sollte sie gar nicht erst ins Bett gehen, sondern weitertrinken, weil betrunkene Kollegen viel sympathischer sind als solche, die einen Kater haben. Die Leute werden über die geistreichen Unterhaltungen und die überschäumende Persönlichkeit Ihrer Tochter erstaunt und davon angetan sein. Achten Sie nur darauf, dass sie sich vor der Arbeit gründlich duscht und ein großes Glas Mundwasser leert (Kaugummi ist nämlich armselig).

6. Sorgen Sie dafür, dass Ihre Tochter in der Lage ist, mühelos Anspielungen auf die aktuelle populäre Kultur zu machen und sich mit aktuellen Daily Soaps ebenso auskennt wie mit allen *Gilmore-Girls*-Episoden, um Smalltalk mit den Kollegen betreiben zu können. Zugegeben, jeder zitiert gern aus *Caddyshack* und *Old School*, aber das ist mehr was für Schleimer aus den Kategorien Investmentbanker und/oder Aktienhändler, was auf Ihre Tochter hoffentlich nicht zutrifft. Ich will damit sagen, wenn Ihre Tochter Investmentbankerin und/oder Aktienhändlerin ist, dann ist sie hoffentlich keine Schleimerin (obwohl ich sagen muss, dass das eher zweifelhaft ist). Aber wenn Ihre Tochter wirklich beliebt sein will, dann sollte sie nur aus *Ghostbusters* und *Ghostbusters II* zitieren.

Helfen Sie Ihrem Kind bei der Jobsuche

Nur verbitterte Menschen haben was gegen Vetternwirtschaft

Meine Eltern sind unmittelbar für meinen derzeitigen Job verantwortlich, der darin besteht, ein Buch zu schreiben. Den Vertrag für das Buch haben sie mir nicht verschafft – sie sind beide Anwälte –, aber sie sind ein unerschöpflicher Quell der Inspiration für mich. Ich werde Ihnen das Thema dieses Buches nicht verraten, aber ohne meine Eltern hätte ich es nicht schreiben können. *„S.W.W."*

Wenn Sie bereits erfolgreich auf dem gleichen Gebiet tätig sind, auf dem sich Ihr Sohn auch betätigen will, oder wenn Sie gute Kontakte zu dem Unternehmen haben, in dem er eine Stelle annehmen möchte, dann ist das schlicht grandios. Sie müssen sich nicht schämen, Ihre Beziehungen zu nutzen, um Ihrem Sohn zu einem Job zu verhelfen, es sei denn, er besitzt irgendein besonderes Ehrgefühl, oder er will unbedingt aus eigener Kraft eine Arbeit finden. In dem Fall sollten Sie Ihrem Sohn seinen „Stolz" lassen. Aber wenn Sie bei Ihrem ehemaligen Mitbewohner aus Collegezeiten, dem guten alten Tick-Tock, ein gutes Wort einlegen wollen, nur zu. Ihr Sohn ist wohlerzogen, und wenn Sie ihm erst mal einen kleinen Schubser in die richtige Richtung gegeben haben, kann er immer noch aus eigener Kraft weitermachen. Tick-Tock wird Ihren Sohn so behandeln wie alle anderen Angestellten, aber oft über Ihre gemeinsame Zeit am College reden wollen, womit sich Ihr Sohn abfinden muss, auch wenn das noch so öde ist. Tick-Tock lebt halt manchmal noch im Gestern.

Mehr sollten Sie aber auch nicht machen. Ein gutes Wort einzulegen, ist eine Sache, aber es kommt gar nicht infrage, dass Sie am Lebenslauf Ihres Sohnes mitschreiben, dass Sie bei potenziellen Arbeitgebern telefonisch anfragen, Termine für ein Vorstellungsgespräch verabreden oder etwa zu diesen Gesprächen *mitgehen*. Viele von Ihnen werden sich wundern, wie ich überhaupt auf so absurde Ideen kommen kann, aber Sie können mir ruhig glauben, dass es tatsächlich Eltern gibt, die im Leben ihrer Kinder eine derart aktive, aber völlig unpassende Rolle spielen. Es gibt Eltern, die schreiben für ihre Kinder das Bewerbungsessay für das College und begleiten sie auf Jobmessen, wo sie versuchen, bei den Vorstellungsgesprächen mit von der Partie zu sein.

Spätestens jetzt dürften Sie alle dasitzen und völlig ungläubig auf diese Zeilen blicken. „Alle" geht natürlich nur, wenn Sie in einer Gruppe alle dieses Buch lesen und sich jetzt fassungslos gegenseitig anstoßen. Wenn Sie allein sind, dann dürften Sie auch allein dasitzen und völlig ungläubig auf diese Zeilen blicken. Vielleicht möchten Sie sich ja mal kurz eine Ohrfeige geben, damit Sie ganz sicher sein können, dass Sie nicht träumen. *Aber es ist kein Traum!* Ist das nicht unglaublich? Manche Eltern halten es tatsächlich für das Beste, wenn sie ihr Kind nichts selbst erledigen lassen und bei jedem Schritt mitmischen. Ich habe schon mal gehört, dass man solche Eltern als „Helikopter-Eltern" bezeichnet, was grundsätzlich einen Sinn ergibt, weil sie ihre Kinder unentwegt umschwirren, nur hört sich das viel cooler an, als es in Wahrheit der Fall ist. Man könnte meinen, es handele sich um Wesen, die halb Mensch, halb Helikopter sind und die fliegen oder zumindest schweben können. Das genaue Gegenteil trifft zu. Ich nenne diesen Typ gern „Dominante Eltern“, weil das viel besser passt und überhaupt nichts Cooles an sich hat. Außer vielleicht der Teil mit der „Domina“, aber das gehört jetzt nicht hierher. Also zurück zum Thema „Dominante Eltern“, zu denen auch meine eigene Mutter gehört. Als ich noch zur Junior Highschool ging, da rief sie meine Kunstlehrerin an und protestierte dagegen, dass ich eine (aus meiner Sicht verdiente) Zwei bekommen hatte, obwohl ich eine (aus meiner Sicht eindeutig unverdiente) Eins bekommen sollte. Ich wollte ihr diesen Anruf ausreden, aber sie war nicht davon abzubringen, sich für mich einzusetzen, weil ich doch später mal auf ein gutes College gehen sollte. Es war zwar gut von ihr gemeint, aber das Ergebnis war, dass meine Lehrerin mich (aus meiner Sicht völlig zu Recht) hasste. Das war aber auch schon alles, was ich in Sachen Dominante Eltern mitmachen musste. Meine Mutter lernte später, dass ich meine Angelegenheiten allein regeln kann, und ich lernte, bei meinem nächsten Töpferkurs nicht wieder so faul zu sein und die Zuckerdose in der vorgegebenen Zeit zu töpfern.

Wenn Sie auch zu den Dominanten Eltern gehören, dann werden wir jetzt mal ein ernstes Gespräch unter vier Augen führen. Stellen Sie sich vor, dass ich in diesem Moment diese Geste mache, bei der ich mit Zeige- und Mittelfinger erst auf meine und dann auf Ihre Augen zeige. O ja, so ernst ist es mir damit. Weil ich bei unserem Gespräch nicht hören kann, was Sie antworten, werde ich das einsetzen, von dem ich glaube, dass Sie es sagen werden.

Ich spiele mich, und Sie spielen den Dominanten Elternteil (kurz: DomEl, damit ich nicht so viel schreiben muss und Sie nicht diese langen Wörter lesen müssen).

ICH: Sie müssen aufhören, sich so dominant zu verhalten! Sie müssen Ihrem Kind zutrauen, dass es von Ihnen genug mit auf den Weg bekommen hat, um sein Leben allein zu meistern.

DOMEL: *Ich gehöre zu den schwachköpfigen Eltern! Sagen Sie Schwelter zu mir.*

ICH: Nein, das werde ich nicht, und Sie sind auch nicht schwachköpfig. Sie mischen sich nur ein bisschen zu sehr in alles ein. Es ist noch nicht zu spät, um sich zurückzuziehen und Ihrem Kind zu gestatten, seinen eigenen Weg zu finden. Immerhin ist es schon erwachsen.

DOMEL: *Manchmal esse ich nur Preiselbeeren und nichts anderes.*

ICH: Na, sehr gesund kann das aber nicht sein. Aber zurück zum Thema: Ich weiß, es ist schwer zu akzeptieren, dass Ihr Kind sich in der rauen Realität des Lebens allein zurechtfinden muss, aber erfolgreich kann es nur sein, wenn es aus seinen Fehlschlägen und eigenen Erfahrungen lernt.

DOMEL: *Ich kann in meinem Schuh das Meer rauschen hören.*

ICH: Hey, das ist eine gute Idee. Vielleicht sollten Sie Urlaub machen. Das ist doch viel zu stressig für Sie, all diese Verantwortung für Ihr Kind auf den Schultern zu tragen.

DOMEL: *Ich mag den Geruch nach verbranntem Haar.*

ICH: Ich glaube, Sie verlieren allmählich den Bezug dazu, was Elternsein wirklich bedeutet. Es geht darum, alles Menschenmögliche für Ihr Kind zu tun, bis es das Elternhaus verlässt, und danach zwar für Ihr Kind da zu sein, es aber sein eigenes Leben

leben zu lassen. Sie tun Ihrem Kind keinen Gefallen, indem Sie ihm alles abnehmen, was zu erledigen ist.

DOMEL: *Wollen Sie mal hören, wie ich Ray Charles imitiere? La la la la!*

ICH: Das klingt ja überhaupt nicht nach Ray Charles. Sie haben nur „la" gerufen. Passen Sie auf, ich will mit Ihnen über Ihr Kind reden und von Ihnen hören, dass Sie beschlossen haben, Ihrem Kind Freiraum zu gewähren, damit es selbst einen Job, eine Wohnung und alles andere findet, was es braucht. Ich garantiere Ihnen, Ihr Kind wird Ihnen dankbar und sogar erleichtert sein.

DOMEL: *Ich bin ein Schwelter, hören Sie mal, wie ich brüllen kann: Rrrroaaaaarrrrr!!*

ICH: Ich bin froh, dass wir darüber reden konnten.

Na, das war doch schon mal ein sehr aufschlussreiches Gespräch. Ich halte es für angebracht, den Begriff „Dominante Eltern" aufzugeben und stattdessen die Bezeichnung „Schweltern" zu verwenden, wenn von solchen Eltern die Rede ist. Dieses Wort ist markig und klingt nach einer köstlichen Trockenfrucht. Außerdem haben die Schweltern sich selbst so getauft, also sollte man sie auch so nennen dürfen, ohne dass sie darüber beleidigt sind. Gerade höre ich von den Schweltern, dass sie doch beleidigt sind. Damit meine ich „meine Mutter". Ich habe mich einverstanden erklärt, sie hier ihre Version der Geschichte erzählen zu lassen. Okay, Mom, du kannst dir jetzt alles von der Seele schreiben. Aber versuch bitte, mich nicht völlig in Verlegenheit zu bringen, und bring meine Leser nicht dazu, dass sie das Buch weglegen und nicht weiterlesen.

Eine Anmerkung von Linda Walker

Mutter von Sarah Walker, und ganz sicher kein Schwelter

Hallo, alle zusammen. Ich bin es nicht gewöhnt, in dieser Form zu schreiben. Ich fühle mich viel wohler, wenn ich als Anwältin Geschäftsbriefe schreibe, was bei mir sehr häufig vorkommt, damit ich meine Kinder ernähren kann, vor allem meine Sarah, die ein Buch darüber schreibt, wie ihre Eltern sie bis zum heutigen Tag verkorksen. Nur dass sie eigentlich nicht so gern von „verkorksen" spricht, sondern ihren Eltern lieber unterstellen möchte, sie hätten Scheiße gebaut (was ihr Verleger ihr wenigstens beim Buchtitel ausreden konnte, leider aber nicht für das ganze Buch), nicht wahr? Tja, sie hat es lieber vulgär. Von mir hat sie das ganz bestimmt nicht gelernt, sondern wohl in einer der vielen Kneipen, in denen sie so gern rumhängt. Ich weiß, sie hatte mal was mit einem Soldaten, den sie in einer dieser Kneipen kennengelernt hat. Ich will gar nicht wissen, was sie von ihm alles gelernt hat. Oh, verstehen Sie das bitte nicht falsch. Ich weiß die Ironie zu schätzen, dass eine gewisse Person ein Buch über die Fehler ihrer Eltern auf einem 3000 Dollar teuren Mac-Laptop (mit Gehäuse aus gebürstetem Stahl) schreibt, den ich einer gewissen Person geschenkt habe, weil ich pro Woche hundert Arbeitsstunden leiste und ein solch teures Vergnügen bezahlen kann. Was jedenfalls diesen Töpferzwischenfall angeht, muss ich Sarah berichtigen, denn ich habe die Lehrerin in Sarahs *letztem* Collegejahr angerufen, nicht in ihrem ersten. Das scheint Sarah praktischerweise vergessen zu haben, da sie sich auch nicht daran erinnert, dass sie an Senioritis erkrankte, die es ihr unmöglich machte, ihre Zuckerdose für den Faulenzer-und-Hippie-Töpferkurs fertig zu stellen. Übrigens war das genau der Kurs, von dem sie glaubte, sie könnte sich da schon irgendwie durchmogeln und ohne viel Arbeit eine Eins für ihr Zeugnis einfahren. Damit hätte sie nämlich vielleicht die Vier ausgleichen können, die sie sich im ersten Jahr in Mathe eingefangen hatte. Unter Tränen beklagte sich also Sarah bei mir, ihre Lehrerin habe sie unfair behandelt, und mit einer Zwei im Zeugnis würde sie kaum noch eine Chance haben, das College ihrer Wahl zu besuchen. Also habe ich *auf Sarahs Bitten und Betteln hin* ihre Kunstlehrerin angerufen, die mir in aller Ruhe erklärte, Sarah habe eine ihrer Hausaufgaben nicht erledigt, daher könne sie ihr nur eine Zwei geben, und selbst das sei schon großzügig von ihr. Als ich Sarah von diesem Telefonat erzählte, schimpfte sie mich aus, ich hätte sie vor ihrer Lehrerin wie ein verwöhntes Gör aussehen lassen. Als ob sie sich von mir helfen lassen müsste! Hatte ich eigentlich schon erwähnt, dass sie bei ihrer Bewerbung für ein gerade mal zehn Autominuten entferntes College mit einem Nein auf die Frage antwortete, ob sie sich das College schon einmal angesehen habe? Kein Wunder, dass man sie dort nicht angenommen hat. Aber jetzt auf einmal zähle ich wegen eines einzigen Zwischenfalls zu den „Schweltern“! Ich werde dir mal was anderes erzählen, meine kleine Miss „Ich schreibe ein Buch darüber, wie mich meine Eltern verkorkst haben“ Walker ...

Okay, vielen Dank, Mom!
Wow, ist das nicht erstaunlich, wie unterschiedlich zwei Leute die Vergangenheit wahrnehmen können? Ist schon interessant, dass das sowohl für unser politisches als auch für unser soziales Bewusstsein gilt. Ich finde, Geschichte wird von denjenigen geschrieben, die sie in Büchern usw. festhalten, und ich bin diejenige, die dieses Buch schreibt, nicht meine Mutter! Ach, übrigens ist mir ein neuer reizender Name für meine Mom eingefallen. Ich werde sie ab jetzt „Schwom“ nennen, kurz für „schwachköpfige Mom“. Das klingt so ähnlich wie der Ruf eines dicken, trägen Vogels. Wie ein dicker, träger Vogel, der sauer ist und der nicht ruhig und sachlich darüber nachdenkt, wie sich die Dinge tatsächlich zugetragen haben. *Schwom! Schwom!* Jedenfalls vielen Dank schon mal dafür, Schwom!

Ein Memo von Linda Walker: Ich heiße nicht Schwom

Wie es aussieht, hat sich meine Tochter einen süßen kleinen Spitznamen für mich ausgedacht: „Schwom“. Aber ich heiße nicht Schwom, sondern Linda Walker. Ich finde es ausgesprochen respektlos von ihr, dass sie es richtig findet, mich nach allem, was ich für sie getan habe, als „schwachköpfige Mom“ zu titulieren. Wie wär's, wenn ich hingehe und sie Schwarah nenne? Hey, Leute, da kommt die schwachköpfige Sarah! Nennen wir sie doch einfach Schwarah. Wie würde ihr so was gefallen? Gar nicht, schätze ich. Und ich überlege ernsthaft, ihre Bitte zu ignorieren und nicht unsere Nachbarin anzurufen, wegen der Suppe, die sie manchmal kocht, von deren Geruch Sarah Albträume bekommt. Hab du ruhig weiter deine Albträume, Sarah. Mich kümmert's nicht. Okay, schon gut, ich werde den Anruf erledigen, aber ich werde mich nicht als Schwom bezeichnen lassen!

Nachricht der Autorin an Schwom

Liebe Schwom, ich habe nie behauptet, dass „Schwom" für „schwachköpfige Mom" steht. Das hätte ich wohl klarstellen sollen. Genau genommen steht es nämlich für „Schwer beeindruckend, Mom!" wie in: „Schwer beeindruckend, Mom, dass du so viel für mich getan hast!" Außerdem klingt Schwarah nicht annähernd so gut wie „Schweltern" oder „Schwom". Tut mir leid, aber das rollt einem einfach nicht so leicht von der Zunge. Aber egal, vergessen wir unsere Differenzen. Ich versuche nur, unsere Eltern-Kind-Beziehung in ein Gleichgewicht zu bringen. Wenn du dich also mal für zwei Sekunden nicht in meine Angelegenheiten einmischen würdest, dann wäre ich echt froh. Aber bitte erst, *nachdem* du meine Nachbarin angerufen hast. Ich glaube, es ist Currysuppe oder so was. Vielen Dank, liebe Schwom.

Liebe Grüße
Sarah

Eine Nachricht der Autorin an alle außer Schwom

Es kommt mir so vor, als hätte meine Mutter mir den Geldhahn zugedreht. Na, ist ja großartig. Wenn dieses Buch darunter leidet, dass ich mir nicht genug Cola light leisten kann und mein Körper dehydriert oder ich durch die Inhalation von Currysuppendämpfen Albträume bekomme, dann wissen Sie ja, wer daran die Schuld trägt. Aber da ich eine so selbstlose Person bin, werde ich trotz aller vor mir liegenden Entbehrungen tapfer weitermachen.
Ob Sie's glauben oder nicht, aber dieses Buch ist nicht mein erster Ausflug in die Menschenliebe. Schon seit langem unterstütze ich Organisationen und Personen, die meine Hilfe benötigen. Ich möchte die Gelegenheit nutzen und an dieser Stelle einmal meine bisherige menschenfreundliche Arbeit auflisten:

YMCA

West Hartford, Connecticut, 1986–1987
Als ich sechs war, spielte ich in der Basketball-Jugendliga mit und warf Bälle auf Metallringe, die in eins achtzig Höhe montiert waren (im Gegensatz zur regulären Höhe von drei Metern), und ich habe mich nie darüber beklagt. Hätte ich es gemacht, wäre diese YMCA-Einrichtung ganz bestimmt geschlossen worden, und die vielen Kinder dort hätten nach der Schule nicht mehr den erwähnten Aktivitäten nachgehen können. Also habe ich im Alter von sechs Jahren die Existenz des YMCA in West Hartford gesichert.

BERKLEY-TANZSCHULE

Hartford, Connecticut, 1993–1994

Mit zwölf Jahren besuchte ich einen Tanzkurs und bekam den Foxtrott, Walzer und Cha-Cha-Cha beigebracht. Ich tanzte mit Jungs, die viel kleiner waren als ich, was denen so schon schrecklich unangenehm war, aber ich ließ sie das auch noch richtig spüren, indem ich sie immer wieder aufforderte, nicht auf meinen Vorbau[1] zu starren, obwohl sie gar nicht anders konnten, weil sie auf Augenhöhe mit meinem Vorbau waren. Diese Jungs verinnerlichten meine Lektion in Demut, und als sie älter wurden, mussten sie jedes Mal an diese Tanzstunden denken, wenn sie im Begriff waren, sich einem Mädchen gegenüber wie ein Idiot zu benehmen. Das führte dazu, dass die Mädchen im Großraum Hartford von vielen Jungs mit sehr großem Respekt behandelt wurden. Das wiederum führte dazu, dass sie in der Schule erfolgreich waren und insgesamt acht Pulitzer-Preise und drei Peabody Awards gewannen. Und das war alles mein Verdienst.

JUGENDFUSSBALLTRAINERIN

West Hartford, Connecticut, 1998–1999

An der Highschool gab ich winzigen Fünfjährigen Unterricht in der Kunst des Fußballspielens. Winzige Fünfjährige spielen Fußball mit einer Rudelmentalität, die keine Rücksicht auf

[1] *Zu der Zeit hatte ich eigentlich noch gar keinen richtigen Vorbau, aber es machte mir Spaß, „Vorbau“ zu sagen. Rein vorsorglich möchte ich aber noch erwähnen, dass ich heute einen ganz fantastischen Vorbau habe.*

Raumdeckung oder Strategie nimmt. Es ist schon reizend, wenn man zusieht, wie zwanzig kleine Kinder wie ein Mann von einer Seite des Spielfelds zur anderen stürmen ... bis einem klar wird, dass man so nicht Fußball spielt und dass die Kleinen nie ein Gefühl für Individualität entwickeln, wenn sie weiter als Rudel auf dem Platz unterwegs sind. Also begann ich diverse Gerüchte über jedes der Kinder zu verbreiten, durch die sie gegeneinander aufgehetzt wurden („Lila sagt, dass Matty stinkt"). Das führte dazu, dass sie auf einmal alle auf Abstand zueinander blieben – vor allem auf Abstand zu Matty, weil jeder glaubte, dass er stinkt. Dadurch erreichten wir die beste Raumdeckung in der gesamten Liga und gewannen mindestens zwei Spiele mehr als erwartet. Zugegeben, in Feierlaune war niemand, weil ich jeden gegen jeden aufgehetzt hatte, aber wichtig ist, dass wir siegten und die Kinder lernten, einen Spitzenplatz anzustreben.

LIPPENSYNCHRONWETTBEWERB

Amherst College, Amherst, Massachusetts, April 2002

In meinem ersten Jahr in Amherst nahmen meine Mitbewohnerinnen am dritten jährlichen „Lippensynchronwettbewerb für die Zimmervergabe" teil, dessen Gewinner erste Wahl bei der Zimmervergabe haben würde. Meine sieben Mitbewohnerinnen und ich entwickelten eine Choreografie für eine Montage verschiedener Songs aus *Grease*, die hinsichtlich der Professionalität, Originalität und der allgemeinen Ausgelassenheit als exzellent bewertet wurde. Trotzdem schlug uns ein Haufen Jungs in Frauenkleidern, die sich zu irgendeinem Song von J.Lo auf der Bühne räkelten, der zu der Zeit gerade angesagt war. Ich schrieb daraufhin einen bissigen Artikel für den *Amherst Student*, in dem ich ironisch anmerkte, dass man den Wettbewerb wohl nur gewinnen kann, wenn man kreativ ist – mit anderen Worten, wenn Mädchen sich wie Männer anziehen. Das Ganze endete mit meiner spitzen Bemerkung: „Letztlich genügt ein bisschen Gesang und Tanz nicht, um als Erster ein Zimmer auswählen zu dürfen." Dieser Artikel sorgte für eine offen geführte Debatte am College. Nicht etwa über die Maßstäbe für Gleichberechtigung und Kreativität, sondern darüber, wie verdammt bescheuert es ist, einen Artikel über einen Lippensynchronwettbewerb zu schreiben, und wie bescheuert die Musik aus *Grease* ist. Als Folge davon werden Artikel für den *Amherst Student* heute vor der Veröffentlichung sehr gründlich gelesen, und die Musik aus *Grease* darf beim Lippensynchronwettbewerb für die Zimmervergabe nicht mehr gespielt werden.

ARMENKÜCHE

New York, New York, Dezember 2005

Ich meldete mich freiwillig, um an Heiligabend in einer Armenküche im Hexenkessel mitzuhelfen, und ich wollte auch wirklich hingehen. Doch dann wurde mir bewusst, dass es Heiligabend war und ich mit meinen Freunden essen könnte statt mit diesen total deprimierenden Obdachlosen. Dann wurde mir bewusst, dass Weihnachten die Zeit des Schenkens ist, und ich zog meinen Mantel an, um mich auf den Weg zu machen. Dann wurde mir jedoch bewusst, dass Obdachlose schließlich jeden Tag einen Teller Suppe nötig haben, nicht nur an Heiligabend. Also könnte ich das Ganze doch zum Beispiel auch an einem

Dienstagabend im Januar machen. Daraufhin fühlte ich mich viel besser, weil ich dann keiner von diesen Leuten wäre, die nur an Feiertagen von ihrem schlechten Gewissen geplagt werden. Mein Gewissen meldet sich zu jeder Jahreszeit, und weil ich mir überlegt habe, an einem Nicht-Feiertag in der Armenküche auszuhelfen, gibt mir das das Gefühl, dass ich ein soziales Bewusstsein besitze. Also habe ich neulich eine Champignoncremesuppe gekocht und den Topf der ersten Person in die Hand gedrückt, die mir auf der Straße entgegenkam. Vielleicht war diese Person obdachlos, vielleicht auch nicht, auf jeden Fall aber war sie überrascht, und jeder mag es, wenn man ihn überrascht.

ELEVENTH STREET

New York, New York, Juli 2006

Ich sprach eine Gruppe ausländischer Touristen an, die im West Village die *Sex-and-the-City*-Stadtführung mitmachten, und erklärte ihnen, dass sie nicht automatisch das gleiche Leben wie diese Frauen aus der Serie führen werden, nur weil sie diese Führung mitmachen, und dass sie dieses Leben eigentlich auch gar nicht haben wollen. Und ich erklärte ihnen, falls sie jede Menge Kuchen in der Magnolia Bakery essen sollten, die auf dem Weg dieser Führung liegt, dann würden sie niemals die gleiche Kleidergröße wie Sarah Jessica Parker kaufen können. Sie schienen mich zu verstehen, weil sie mich wiederholt „Puta" nannten. Ich glaube, das ist Spanisch für „Heilige".

Das Geschenk der Technologie

Wie Sie Ihrem „20+“-Kind durch die Zeit bei Ihnen zu Hause helfen

Vielleicht haben Sie es ja vergessen, weil Sie zu viel mit Ihrer Arbeit und mit den anderen Dingen beschäftigt waren, die Sie damals so gemacht haben. Aber die Zwanziger sind ein sehr schwieriges Alter voller Ängste, weil man weiß, dass man erst rückblickend in vollem Ausmaß die Tatsache würdigen wird, wie großartig und jung man in diesem Alter war und wie viel Spaß man hatte. Und dann ist es längst zu spät. Oha, stimmt was nicht? Ich dachte, ich hätte gerade gesehen, wie Sie eine Träne weggewischt haben. Nicht? Na, egal. Jedenfalls müssen Sie ein geschütztes Umfeld für Ihren Sohn schaffen, damit er über diese Dinge nachdenken kann. Internet, Kabelfernsehen und ein Premiere-Abo sind ebenfalls ganz nützlich. Ihr Sohn muss eine komplette Bestandsaufnahme von allem machen, was es auf der Welt gibt, damit er eine bewusste Entscheidung treffen kann, wohin er gehen will, wenn er das Zuhause verlässt. Das World Wide Web und die vielen Filme und Serien auf Premiere versorgen ihn dabei mit allen erforderlichen Informationen aus zweiter Hand. Auf diese Weise erfährt Ihr Sohn frühzeitig, dass er besser nicht nach New Jersey ziehen sollte, weil es da von Mafiosi wimmelt und das Verbrechen Hochkonjunktur hat, und dass er New York meiden sollte, weil es da von leichten Mädchen wimmelt und das Verbrechen Hochkonjunktur hat. Deshalb sollten Sie Ihren Sohn davon abhalten, in New Jersey oder New York leben zu wollen. Ach, nehmen wir Connecticut doch gleich noch mit dazu. Über die dortigen Mafiosi und leichten Mädchen wird zwar nichts berichtet, aber mal ehrlich: Welche finstere Wahrheit über Connecticut ist es wohl, die man uns verschweigt?

Auf ins soziale Netzwerk! Natürlich online

Dank unzähliger Stunden, die Ihr Kind auf dem neuen Laptop im Internet verbringen konnte – dank WLAN überall im Haus (Stellen Sie sich vor, im Esszimmer ist es kalt und im Wohnzimmer sonnig. Wollen Sie, dass Ihr Kind allein in Kälte und Dunkelheit sitzt, nur weil es anderswo keinen Zugang zum Internet gibt? Das wäre doch deprimierend, oder?), wird es sich früher oder später zwangsläufig sozialen Online-Netzwerken anschließen, wo es ein ganzes Heer an Freunden um sich scharen kann. Virtuelle Freundschaften sind nicht zu überbieten, weil sie innerhalb von Sekunden geschlossen und mit einem einzigen Mausklick wieder beendet werden können. Womöglich wird Ihr Sohn bzw. Ihre Tochter sogar online eine Freundin bzw. einen Freund finden, aber das Schöne daran ist, dass diese Online-Beziehung in keiner Weise von den Risiken irgendwelcher Geschlechtskrankheiten betroffen ist, womit auch Ihre Krankenversicherung nicht belastet werden wird, bei der Ihr Kind ja immer noch über Sie mitversichert ist. Ich will

damit sagen, wenn Ihr Kind noch bei Ihnen lebt, dann ist doch wohl anzunehmen, dass Sie es bei sich mitversichert haben, oder etwa nicht? Was denn, sind Sie etwa ein Monster, das dem eigenen Kind das Grundrecht auf Gesundheit verweigert?
Aha, also ist Ihr Kind bei Ihnen versichert. Dachte ich's mir doch.
Sie haben bestimmt schon von diesen sozialen Netzwerken im Internet gehört. Wenn Sie in den letzten Jahren hin und wieder eine Tageszeitung oder eine Zeitschrift gelesen oder den Fernseher eingeschaltet haben, dann werden Sie einen dieser unendlich vielen Beiträge zum Thema mitbekommen haben, weil diese Netzwerke bei Kindern genauso beliebt sind wie bei Pädophilen. Diese Netzwerke sind der virtuelle Ort, an dem sich Ihr Kind wahrscheinlich die meiste Zeit des Tages aufhält, wenn es sich eigentlich mit den Hausaufgaben und/oder anderen Arbeiten beschäftigen sollte. Diese Netzwerke sind zu 90 Prozent auch an der schleichenden Verkümmerung des Gehirns Ihres Kindes und an der begrenzten Gedächtnisleistung schuld.
Übrigens ist der Begriff „sozial" in Verbindung mit einer Einrichtung im Internet nicht ironisch gemeint, auch wenn man einsam und allein vor seinem Computer sitzt, während man sich online in diesen Netzwerken bewegt. Aber kommen Sie mir nicht so zynisch. Einige meiner engsten Freunde habe ich über das Internet kennengelernt. Da fällt mir ein, ich muss mal schnell nach einem meiner vier Profile sehen. Zum Teufel mit dem Redaktionsschluss für das Buch! Vielleicht hat mir dieser Schlagzeuger aus Brooklyn inzwischen geschrieben, außerdem will ich wissen, ob dieser scharfe Barkeeper ein Profil angelegt hat.

Drei Stunden später …

Was hatte ich eben gesagt? Aha, ja. Okay. Also dann kommt jetzt eine kurze Übersicht über die drei beliebtesten Online-Netzwerke, die aber vermutlich längst überholt sein wird, wenn dieses Buch erscheint, weil der Redaktionsschluss verschoben werden musste, da ich von diesen verdammten Netzwerken so besessen bin, dass ich mich nicht richtig konzentrieren kann.

Die verdammten Netzwerke

Vom Prinzip her sind alle Online-Netzwerke gleich. Nachdem Sie dem Betreiber Ihre E-Mail-Adresse, Passwort, Blutprobe und Netzhautscan überlassen haben, bekommen Sie eine Seite im Netzwerk zugeteilt, das sogenannte Profil. In diesem Profil setzen Sie ein scharfes/witziges/witzig-scharfes Foto von sich selbst ein und bearbeiten einen kurzen Fragebogen, bei dem Sie Angaben zu Ihren Hobbys, Helden, Lieblingsbüchern, -filmen, und musikern machen. Dort wird auch nach dem Status Ihrer Beziehung gefragt. Wenn Sie nicht wollen, dass kauzige Typen Ihnen beängstigende Mails schicken, um Sie anzumachen, geben Sie am besten an, dass Sie in einer festen Beziehung sind. Wenn es allerdings Ihr Selbstwertgefühl steigert, dass kauzige Typen Ihnen beängstigende Mails schicken, um Sie anzumachen, geben Sie an, Sie seien Single. Aber wenn Sie in Ihrem Alter noch ein Profil anlegen, dann sind Sie automatisch schon ein kauziger Typ, deshalb sollten Sie das lieber gar nicht erst machen. Neben-

bei bemerkt: Wenn ein kauziger Typ einen anderen kauzigen Typ anmacht, dann hebt das die Kauzigkeit gegenseitig auf.
Die drei beliebtesten sozialen Online-Netzwerke sind (jedenfalls zu dem Zeitpunkt, als ich dieses Buch geschrieben habe, aber das ist auch schon wieder laaaaange her) Facebook, MySpace und Friendster. Es gibt auch noch andere wie zum Beispiel aSmallworld.com, das europäischen jetsettenden Koksern vorbehalten ist, die vermutlich irgendwo zwischen Gstaad und South Hampton Zeit finden, um online zu gehen. Bedauerlicherweise gehöre ich nicht zu diesen jetsettenden Koksern (aber das kann ja noch werden, ist schließlich nur eine Frage der Zeit), darum habe ich darauf keinen Zugriff, aber ich vermute, es ist ein komplett aus Diamanten bestehendes Netzwerk, und obwohl im Internet Sexualkontakte für gewöhnlich harmlos sind, wird man sich hier bestimmt automatisch eine Geschlechtskrankheit einfangen.

FRIENDSTER

Ich kann Ihnen fast garantieren, dass Friendster inzwischen nicht mehr existiert, weil es bereits sehr uncool geworden war, als ich diese Zeilen schrieb. Ich habe neulich meine dreizehn Jahre alte Cousine danach gefragt, und sie wusste nicht, wovon ich rede. Sie war sogar schon im Begriff, MySpace zu verlassen, um zu Facebook zu wechseln. Andererseits haben die Kids von heute eine Schwäche für Ironie, deshalb könnte dieses Netzwerk ein Comeback erleben, gerade *weil* es so uncool ist. Immerhin ist MySpace auch schon so gut wie passé, da Dreizehnjährige heutzutage den gerade aktuellen Geschmack zu bestimmen scheinen. Nebenbei bemerkt: Ein Freund von mir hat mich wissen lassen, dass die Formulierung „passé“ mittlerweile selbst „passé“ ist. Ist da gerade Ihr Gehirn explodiert? Meines ist jedenfalls explodiert, als ich das gehört habe. Sein Vorschlag war, stattdessen zu sagen: „Roseanne hat im Lotto gewonnen.“ Das ergibt auf jeden Fall mehr Sinn. Für Sie nicht? Nun, „Roseanne hat im Lotto gewonnen“ bezieht sich auf die erfolgreiche Sitcom *Roseanne* aus den Achtzigern/Neunzigern, in der Roseanne Barr die Mutter einer Familie aus der Arbeiterschicht in Illinois spielt. Hätte Roseanne je im Lotto gewonnen, dann hätte sie nicht als Kellnerin arbeiten müssen und ihrer Familie wäre es besser ergangen, aber gerade das macht ja den Humor der Serie aus.

Wo war ich? Ja, genau. Friendster.

Friendster ist das Netzwerk, mit dem alles anfing, und es war bei den angesagten Leuten sofort cool. Aber obwohl ich eine Mail nach der anderen bekam, in denen mir mitgeteilt wurde, jemand habe mich eingeladen, sein oder ihr Friendster zu sein, weigerte ich mich beharrlich, weil ich den Namen und das Konzept absolut idiotisch fand. Sie müssen wissen, ich denke sehr vorausschauend und kann Trends mit dem Gespür eines Orakels vorausahnen. Ja, ich habe mich geirrt. Friendster war ein großer Erfolg, aber das Konzept ist und bleibt idiotisch. Die eine gute Sache an Friendster ist die, dass die Freunde alphabetisch aufgelistet werden, ganz im Gegensatz zu MySpace, wo man zu cool ist, um sich an die Regeln des Alphabets zu halten. Wenn ich da nach einem bestimmten Freund suche, muss ich mich buchstäblich durch *Hunderte von Profilen* wühlen, weil – o ja! – ich *Hunderte von Freunden* habe.

Einer der Vorteile dieser Netzwerke besteht darin, dass man völlig anonym die Profile von Menschen studieren kann, in die man mal verliebt war oder mit denen man sogar was hatte, und man kann sich ansehen, mit wem sie im Moment was haben. Wenn man will, kann man das sogar mehrmals am Tag oder in der Stunde machen. Aber eines Tages lüftete Friendster ohne jede Vorwarnung den Schleier der Anonymität, und man konnte sehen, wer im letzten Monat das eigene Profil besucht hatte. Ich muss wohl nicht extra betonen, dass Friendster viele von uns damit in ziemliche Verlegenheit gebracht hat, und diese Verlegenheit wurde für mich nicht mal dadurch gelindert, dass ich sehen konnte, wer mein Profil aufgerufen hatte. Vielmehr fühlte ich mit diesen Leuten mit, weil ich wusste, wie peinlich diese Situation für sie war.

Diese Verlegenheit hat inzwischen nachgelassen, allerdings kehrt sie mir jetzt ins Gedächtnis zurück, wo ich darüber schreibe. Vor allem die Erinnerung daran, dass ich mich als Online-Stalkerin betätigt hatte, um dem Kerl nachzuspionieren, mit dem ich mal einen One-Night-Stand hatte. Ganz bestimmt hat der gesehen, wie oft ich sein Profil aufgerufen habe. Das werde ich übrigens gleich auch wieder machen. Aber keine Angst, denn jetzt kann man ein Kästchen mit dem Text „Profil anonym ansehen“ anklicken. Vielleicht wollte Friendster uns allen ja nur mal eine Lektion erteilen, damit wir lernen, für unser Handeln Verantwortung zu übernehmen. Aber an Friendster gerichtet sage ich dazu nur: „Du bist ein lebloses soziales Online-Netzwerk und hast nicht das Recht, irgendwem eine Lektion zu erteilen. Also halt gefälligst die Klappe!“

MYSPACE

Bevor ich eine Beschreibung von MySpace liefere, möchte ich vorwegschicken, dass vieles bei MySpace in Richtung Parodie geht. Ich versuche gar nicht erst, den unzähligen Teenagern aus Michigan oder sonstwoher zu folgen, die auf MySpace ihre Filmparodien abliefern. Ich möchte Ihnen als Eltern lediglich die von Ihrem Kind ausgewählte Internet-Droge verständlich machen. Und weil die eigentliche Droge Internet-Pornografie ist, habe ich mich entschlossen, über die zweitbeliebteste Droge zu schreiben. MySpace. Also, los geht's.

MySpace war ursprünglich eine Plattform für Bands, um für ihre Musik zu werben. Viele Leute benutzen es aber nur, um ein eigenes Profil ins Internet zu stellen, quasi so wie bei Friendster, nur dass MySpace wesentlich beliebter ist. Neben Bands und persönlichen Profilen gibt es auch spezielle Seiten für Comedy, Filme und Bücher. (Sie sollten also zum Beispiel der MySpace-Freund dieses Buches sein, das Sie in Ihren Händen halten.) Normalerweise erhalten Sie täglich mehrere Anfragen, ob Sie nicht der Freund irgendeiner Band sein wollen. Zu einem Bandprofil gehören meistens vier Songs, die man sich anhören und manchmal sogar kostenlos runterladen kann. Es gibt auch die Möglichkeit, den Song einer Band zu Ihrem Profil hinzuzufügen, damit der Song läuft, sobald jemand Ihr Profil anklickt. Der hinzugefügte Song zeigt dann, wie cool Sie sind (weil Sie zum Beispiel Morrisseys neue Single ausgesucht haben), wie witzig Sie sind (das Titelstück zum Film *Die unendliche Geschichte*) oder wie *supercool* Sie sind, indem Ihr Profil gar keinen Song aufweist, was heißen soll: „Ich weiß so viel über Musik, dass es keinen

Sinn macht, auch nur zu versuchen, mein gewaltiges Wissen durch einen einzigen Song auszudrücken.“ Dann zündet diese supercoole Person eine Zigarette an und spuckt wütend aus.

Es gibt vier Arten von Bands auf MySpace:

1. Die Band, die sich schon vor MySpace etabliert hatte und die sich vermutlich nie um ihr Profil kümmert, die aber 874.092 Freunde hat, weil sie so fantastisch ist. Einige ihrer Songs sind auf der Seite zu finden, aber zum Download stehen sie nicht zur Verfügung.
2. Die wirklich tolle Indie-Band aus Brooklyn/Akron/Sheffield, die darauf brennt, dass Sie sich ihre Musik anhören, und Sie ihre Songs kostenlos herunterladen lässt, weil sie so verdammt gut ist. Der scharfe Leadsänger/Leadgitarrist ist noch minderjährig, oder aber die ganze Truppe ist über dreißig und hat nie gelernt, irgendwelchen Verpflichtungen nachzukommen oder ihr Handwerk zu perfektionieren oder Ähnliches.
3. Ein Sechzehnjähriger aus Spokane, Washington, der beschissene Musik macht. Und damit meine ich wirklich total beschissene Musik. Und er schickt einem auch noch persönlich eine Mail, um einem seine beschissene Musik aufzuzwingen. Typen wie er haben aber zumindest Mut, das muss ich ihnen lassen.
4. Wer zum Teufel sind diese Typen? Versucht bitte nicht, euch mit mir anzufreunden. Euer Alternative/Country/HipHop/Heavy-Metal-Genre macht mir Angst und verwirrt mich.

Egal welche Band oder welcher Musiker Sie zu einem Freund auf seiner Seite machen will, vermutlich werden Sie so oder so darauf eingehen, weil es ja letztlich nur um Zahlenspielereien geht. Wie cool Sie sind, hängt nämlich ganz entscheidend davon ab, wie viele Freunde Sie vorweisen können. *Es sei denn* ... Sie sind schon seit Jahren bei MySpace und beharren darauf, nur zwölf Freunde zu haben. Dann sind Sie ein beinharter Typ!! Sie brauchen niemanden. Sie sind allein, so unglaublich allein.

FACEBOOK

Facebook wurde von einem Harvard-Studenten ins Leben gerufen und war zunächst nur Studenten vorbehalten, inzwischen wurde es aber auf die Schüler an Highschools ausgedehnt. Der Erfinder der Seite verkauft sie jetzt (oder hat sie schon verkauft) und kassiert dafür so etwa eine Milliarde Dollar. Wenn das nicht Ihr Sohn ist, dann haben Sie versagt. Wenn das Ihr Sohn ist, dann können Sie sich jetzt auf die Schulter klopfen. Buchstäblich. Sie haben sich sogar eine Trophäe verdient. Eine Milliarden-Dollar-Trophäe. Mag sein, dass das nicht die beste Methode ist, um das Geld Ihres Sohnes auszugeben, aber wer sonst auf der Welt könnte schon von sich behaupten, dass er eine Milliarden-Dollar-Trophäe besitzt? Niemand. Nur Sie. Bestimmt würde sie aus rosafarbenen Diamanten und aus der Haut eines vom Aussterben bedrohten Tieres bestehen. Sie würden sie in einem speziell für sie gebauten Spiegelsaal aufbewahren, damit es so aussieht, als besäßen Sie unendlich viele Milliarden-Dollar-Trophäen. Aber wenn Leute fragen, wo Sie die Trophäe aufbewahren, können Sie sagen: „Oh, die steht im Badezimmer." So, als wären Sie Tom Hanks.

Facebook.com gibt sich etwas elitärer als Friendster und MySpace, weil man eine E-Mail-Adresse angeben muss, die zu einem College gehört, um auf die Seite zuzugreifen. Außerdem unterscheidet die Seite nach Schulen und zeigt Ihnen, wie viele Freunde Sie an wie vielen verschiedenen Schulen haben. Wenn ich also in Ihrem Profil sehe, dass Sie 25 Freunde haben, die Harvard besuch(t)en, und nur ein Freund auf dem Manchester Community Technical College ist, dann kann ich ziemlich sicher davon ausgehen, dass Sie ein Snob sind, plötzlich Gewissensbisse bekommen und daraufhin beschlossen haben, Ihren besten Freund aus Kindheitstagen, den Sie schon seit zehn Jahren nicht mehr gesehen haben, als Facebook-Freund zu akzeptieren. Wow, gut gemacht. Immerhin versucht Ihr Freund ja auch, mit zwei Jobs das Geld fürs College zusammenzukratzen, damit er seiner Frau und seinem kleinen Kind das Leben ermöglichen kann, das ihm selbst versagt geblieben ist. Es freut mich, dass Sie wenigstens manchmal an ihn denken, wenn Sie auf die Facebook-Seite gehen. Arroganter Sack.

Das Profil

Interessante Leute mit gleichen Interessen kennenzulernen ist bei diesen sozialen Online-Netzwerken eigentlich zweitrangig. Wichtig ist vor allem, sein Profil – und damit sich selbst – so cool wie möglich aussehen zu lassen. Üblicherweise heißt das, dass man eine umfassende Liste aller Filme, Bücher und Bands zusammenstellt, die man mag, und dass man vermutlich noch ein paar Titel/Namen dazupackt, die einen tollen Eindruck machen sollen. Mal ehrlich: Wer kann sich denn *allen Ernstes* für den *Cremaster*-Zyklus von Matthew Barney begeistern? Sie? Ach, tun Sie doch nicht so! Andere Leute zeigen dagegen, wie toll sie sind, indem sie Fotos auf ihre Seite setzen, die sie zusammen mit scharfen Frauen zeigen, und unter „Beruf" tragen sie „Playa" ein. Das ist natürlich ihr gutes Recht. Aber ich zum Beispiel würde niemals antworten, wenn mir jemand eine Nachricht schicken würde, die sich so liest: „Hey, was läuft, Babygirl? Ein gemeinsamer Freund hat mir gesagt, ich soll dir mal schreiben ..." Sagen wir mal so: Ich bin mir sicher, dass wir keinen gemeinsamen Fre... Ach, Todd hat das gesagt? Todd aus Michigan. Oh. Okay. Ja, dann vielen Dank, Todd.

Die Kommentare der Freunde

Auf all diesen Seiten hat man die Möglichkeit, als Freund einen Kommentar im Profil einzugeben. Bei Friendster nennt sich das „Testimonial", bei MySpace heißt es „Kommentar", und bei Facebook schreibt man etwas an die „Wall". In allen Fällen laden die Seiten zum ungehinderten Voyeurismus ein. Die Leute hinterlassen private Mitteilungen, die jeder lesen kann, obwohl sie genauso gut eine E-Mail schicken könnten. Aber die Leute da draußen sollen wissen, dass diese zwei miteinander befreundet und unglaublich witzig und cool sind. In dieser Hinsicht ist Friendster vermutlich am sinnvollsten, weil der Begriff „Testimonial" bereits erkennen lässt, dass Ihr Text zu der betreffenden Person von anderen gelesen werden soll, damit die ganze Welt erfährt, wie wahnsinnig cool diese Person ist. Bei MySpace und Facebook ist es dagegen nur so, dass man weiß, andere Leute lesen den privaten Meinungsaustausch, und man hofft, dass den Leuten gefällt, was sie zu lesen bekommen. Das ist das Gleiche, als wenn Sie zu laut in Ihr Mobiltelefon sprechen, damit alle Umstehenden mitbekommen, dass Sie gestern Nacht in einer Bar Herbert Grönemeyer gesehen haben und dass er in Ihre Richtung geschaut hat, aber was soll's? Promis sind schließlich auch nur Menschen.

Ich könnte Ihnen ein Beispiel für eine MySpace-Seite zeigen, indem ich mein Profil als Screenshot hierher kopiere, aber das will ich nicht. Mein großartiges Profil könnte auf Sie so überwältigend wirken, dass in Ihnen der Wunsch erwacht, sofort ein eigenes Profil zu erstellen, damit Sie sich mit mir anfreunden können. Das wäre katastrophal. Jetzt setzen Sie sich erst mal mit einem Glas Brandy in einen abgedunkelten, computerlosen Raum. Es ist die Mühe nicht wert.

Technologie, die Sie nicht erlernen sollten

1. **SMS:** Wenn der beste Freund Ihres Kindes, der Freund, dem es am meisten vertraut, Ihr Kind mit einer einzigen SMS unter Druck setzen kann („Komm zur Party! ER ist hier! JK. Oder bin ich es?"), was glauben Sie, welchen Schaden Sie dann erst anrichten können?
2. **Online-Profile:** Mir ist klar, dass ich diesem Thema ein ganzes Kapitel gewidmet habe, aber Sie dürfen *auf gar keinen*

Fall ein eigenes Profil ins Internet stellen, weder um neue Leute kennenzulernen noch um Ihrem Kind nachzuspionieren.

3. **Instant Messaging:** Dieser sofortige und unmittelbare Zugriff auf Ihr Kind – ob zu Hause oder auf der Arbeit – ist beängstigend. Ihr Kind mag es, wenn Leute nicht zu leicht zu erreichen sind. Das macht sie umso anziehender. Versuchen Sie's mal mit dieser Taktik. Ich wette, Ihr Kind will viel eher mit Ihnen reden und Sie sogar völlig unangemessen im Rausch anrufen, wenn Sie sich distanziert geben.
4. **Rufnummernunterdrückung:** Ihr Sohn muss immer in der Lage sein zu erkennen, dass Sie anrufen, weil er gerade anderweitig mit etwas (oder jemand) Wichtigerem beschäftigt ist.[1]

Technologie, mit der Sie nun wirklich längst vertraut sein sollten

1. **Bedienung des Videorekorders:** Tja, dafür ist es jetzt auch zu spät. Aber in den Neunzigern wäre das nützlich gewesen, als Ihr Kind unbedingt die Episode von *Saturday Night Live* sehen wollte, die von Macaulay Culkin moderiert wurde.

[1] *Wer gerade mit jemandem beschäftigt ist, sollte prinzipiell den Hörer nicht abnehmen. Meine Freundin hat das mal gemacht, als ich anrief. Es war nicht zu überhören, dass sie mitten beim Sex war, was ich einfach unmöglich fand. Ich sprach einige ernste Worte mit ihr, aber das kümmerte sie gar nicht, weil sie Sex hatte.*

2. **Bedienung des Festplattenrekorders:** Heute können Sie wiedergutmachen, was Sie beim Videorekorder versäumt hatten. Auf der Festplatte können Sie jetzt all die Sendungen aufnehmen, die Ihr Kind gerne sieht, und wenn es dann zu Ihnen kommt, steht ein Unterhaltungsprogramm zur Verfügung, das den Besuch Ihres Kinds noch schöner werden lässt, indem Sie ihm die Flucht in die wunderbare Welt des Fernsehens ermöglichen.
3. **Computer** (mal ernsthaft): Wie kann man noch immer nicht wissen, wie ein Computer zu bedienen ist? Ich schwöre Ihnen, es gibt kaum was Einfacheres als iTunes. Sie müssen sich aber nicht die Mühe machen, all Ihre CDs von Barry Manilow für Ihr Kind auf iTunes zu überspielen, wenn es zu Weihnachten zu Ihnen nach Hause kommt. Da hat Ihr Kind zweifellos Besseres zu tun. Zum Beispiel muss es sich ja alles ansehen, was Sie mit dem Festplattenrekorder aufgenommen haben.
4. **Mobiltelefone** (ausgenommen SMS): Auch Mobiltelefone sind ganz einfach zu bedienen. So was kann heute jeder Zwölfjährige. Es ist nur ein kleineres Telefon, das keine Schnur mehr hat. Das ist im Grunde der einzige Unterschied zwischen einem Mobiltelefon und Ihrem antiken, zentnerschweren Telefonapparat mit Wählscheibe, der bei Ihnen zu Hause herumsteht.

Gemeinsame Partys

Die Party hat noch nicht begonnen, da ist sie schon vorbei

Ich war übers Wochenende zu Hause, um meine Eltern zu besuchen, da erwischte mein Vater mich, wie ich in meinem Zimmer am Fenster stand und einen Joint rauchte. Anstatt sauer auf mich zu sein, fragte er mich, ob ich ihn mal ziehen lassen würde. Ich ließ ihn gewähren, und eine halbe Stunde später erzählte er mir seine Philosophie, dass Menschen von Natur aus nicht monogam leben sollten. Und wenn er ein Tier sein könnte, dann wäre er gern ein Bonobo-Äffchen. Plötzlich geriet er in Panik und fürchtete, Mom könnte uns entdecken, weshalb er darauf bestand, die nächsten drei Stunden in meinem Zimmer zu bleiben. Das waren die längsten drei Stunden meines Lebens.

„Walker"

Mit dem eigenen Kind eine Party feiern zu wollen, ist eine ganz, ganz üble Idee. Zwar ist das Verhältnis zu Ihrer Tochter ziemlich angespannt, nachdem sie bereits seit Monaten/Jahren/Jahrzehnten in Ihrem Haus lebt, und Alkohol und Drogen scheinen das beste Mittel gegen alle Reibereien zu sein – immerhin funktioniert das bei Betriebsfeiern ja auch sehr gut (glauben Sie zumindest) –, jedoch wäre es ein schwerer Irrtum von Ihrer Seite, zu diesen Mitteln zu greifen. Wenn Alkohol und Drogen im Spiel sind, dann werden bei jedem Gespräch schmerzhafte Wahrheiten und seit Langem unterdrückte Gefühle als eine Art abscheuliches Bild zum Vorschein kommen.[1] Manchmal kann das eine längst überfällige, reinigende Erfahrung sein, aber das trifft nur zu, wenn man sich mit einem Exlover oder dem eigenen Spiegelbild unterhält.

Nun gilt es aber zu unterscheiden, ob Sie mit Ihrer Tochter Alkohol trinken oder mit ihr zusammen Drogen nehmen. Mit „Drogen" meine ich in diesem Fall Marihuana. Alles andere ist sowieso völlig verkehrt. Alles andere ist der Stoff, aus dem falsche Erinnerungen sind. Wenn Sie also nicht gerade eine fiktive Teenie-Mom aus den Südstaaten der USA sind, die am Trucker-Rastplatz anschaffen geht, um Ihren fiktiven transsexuellen Sohn zu ernähren, dann gibt es absolut keinen Grund, mit Ihrer Tochter irgendwas anderes außer Gras zu rauchen (wenn's unbedingt sein muss). O ja, mit Ihrer Tochter Gras zu rauchen, mag Ihnen wie eine witzige und originelle Idee vorkommen, vor allem während des Urlaubs auf Hawaii, wenn Sie ganz entspannt sind und sich wieder jung fühlen und Ihre Tochter Sie zum Grasrauchen drängt (vermutlich, weil sie längst high ist), aber auch das wäre ein fataler Fehler.

Ich möchte betonen, dass nichts dagegen einzuwenden ist, wenn Ihre (erwachsene) Tochter trinkt, so wie auch nichts dagegen

[1] *Aber nicht wie eine elegant gemalte, barocke Szene einer Orgie mit nackten Nymphen, die Unaussprechliches mit muskulösen, volltrunkenen Zentauren anstellen, sondern wie ein schreckliches Bild, das die Atmosphäre und den Geruch der Dekadenz vermitteln soll.*

einzuwenden ist, wenn Sie trinken. Aber gegen beides ist nur so lange nichts einzuwenden, wie es getrennt voneinander geschieht. Es ist eindeutig cooler für Ihre Tochter, etwas zu trinken, vor allem mit Freunden in der Lieblingskneipe, wo jeder von ihnen enthüllende Kommentare über das Leben, die Liebe und beständige Freundschaften von sich gibt, die sie anschließend auf Cocktailservietten kritzeln, um daraus ein Drehbuch zu entwickeln – nur dass sie ihre Kritzeleien später nicht mehr entziffern können. Ist aber auch nicht schlimm, weil es sowieso keine so großartigen Ideen waren. Wenn Sie als Vater dagegen in der gleichen Kneipe auftauchen, werden Sie von den anderen einfach als schrulliger alter Typ wahrgenommen, den alle anderen anstarren, während sie sich fragen, warum Sie nicht zu Hause sind. Die Leute, von denen Sie angestarrt werden, sind vermutlich Ihre eigene Tochter und deren Freunde, was für Ihre Tochter sehr peinlich ist, weil sie nicht so tun kann, als würde sie Sie nicht kennen. Immerhin kennen alle ihre Freunde Sie noch aus Highschoolzeiten als den Vater, der bei den Basketballspielen immer so rumgebrüllt hat. Natürlich können Sie genauso gut die Mutter sein. Aber in dem Fall dürften Sie sich eher mit einer Flasche Pinot Gris betrinken, zusammen mit allen anderen Vorstadtmüttern, mit denen Sie in einer großen Küche rund um die marmorne Kücheninsel sitzen, über der ein ganzer Haufen noch nie benutzter Kupferkessel an der Decke hängt. So oder so fehlt es Ihrem Besäufnis am Glanz der Jugend. Aber trinken Sie ruhig weiter. Bestimmt gibt es ein Dutzend Dinge, über die Sie nicht nachdenken wollen, zum Beispiel über die Frage, wie Ihr 25 Jahre alter Sohn mit Rammstein-Postern in seinem Zimmer leben kann. Warum sollten Sie sich also die eine Sache versagen, die Sie glücklich werden lässt, nämlich die Wahnvorstellung? Sie sind toll, jawohl, das sind Sie! Und wissen Sie was? Die anderen hier sind auch alle toll. Eine Runde Drinks für alle, natürlich auf Ihre Kosten. Umarmen wir uns. Aber nicht so viel! Finger weg von mir! Sorry, das war der Alkohol, der mich das hat sagen lassen.

Wenn Sie mit jemandem eine Beziehung haben und mit diesem Jemand und mit Ihrem Sohn gemeinsam ausgehen, dann ist es Ihre Pflicht, darauf zu achten, dass sich alle Beteiligten verantwortungsvoll benehmen. Dazu gehört auch, dass Ihr Jemand nicht zu viel trinkt und/oder Ihren Sohn in irgendeiner Weise kritisiert, vor allem wenn es etwas so Kreatives wie ein Theaterstück betrifft, das Ihr Sohn geschrieben hat, oder eine Aufführung, die Sie sich unmittelbar zuvor gemeinsam angesehen haben. Wenn Ihr betrunkener Jemand etwas in der Art von „Mir hat das Ende von deinem Stück nicht gefallen" zu Ihrem Sohn sagt und dabei ein Pils runterkippt, müssen Sie diesen momentanen Lebensabschnittsgefährten umgehend chloroformieren, damit es nicht zu weiteren Zwischenfällen kommen kann. Chloroform gibt's bei jedem gut sortierten Ausstatter für Spione zu günstigen Preisen, notfalls hilft auch Terpentin, und Sie benötigen nicht mehr als ein sauberes Taschentuch, um das Chloroform zum Einsatz zu bringen. Nehmen Sie aber keine zu große Portion, immerhin wollen Sie ja nur für eine Weile Ruhe in die Unterhaltung bringen.

Drogenmäßig ist es für Ihren Sohn nicht nur total normal, sondern supercool, Gras zu rauchen. Das ist jetzt nicht witzig gemeint. Jeder Kiffer wird Ihnen erzählen, dass noch kein Mensch durch Gras zu Tode gekommen ist, während Tabak gleich millionenfach getötet hat (und weiter tötet). Dass es keine durch Marihuana verursachten Todesfälle gegeben haben soll, ist sicherlich eine fragwürdige Behauptung. Aber bestimmt ist Ihr Sohn sicherer aufgehoben, wenn er bei einem Freund zu Hause bewusstseinsverändernde Drogen konsumiert, anstatt durch einen Fastfood-Drive-in zu fahren und nicht zu bemerken, wie ihm ein reizendes kleines Mädchen auf einem pinkfarbenen Fahrrad aus unerfindlichen Gründen vor den Wagen rollt.

Was Kokain und anderen Stoff angeht – na, man lebt doch schließlich nur einmal. Hey, Moment, nicht so schnell. Das war ein Witz. Ihr Sohn sollte sich für diese Drogen nicht interessieren, es sei denn, ein Rockstar/Supermodel legt vor der Nase Ihres Sohnes ein paar Linien Koks und drängt ihn, es mal zu probieren, weil dann die Wahrscheinlichkeit für eine heiße Nummer mit dem Rockstar/Supermodel unendlich größer ist. Achten Sie aber darauf, dass seine Definition von Rockstar richtig ist. Sie wollen schließlich nicht, dass Ihr Sohn an eine Horde Sechzehnjähriger aus einer Pseudo-Punkband aus Kanada gerät, die darüber singen, dass sie ihrem Dad das Gras klauen wollen. Und erinnern Sie Ihren Sohn bei der Gelegenheit auch daran, ein Kondom zu benutzen. Nein, nein, das war auch nur ein Scherz. Sie sollten schon vor einiger Zeit aufgehört haben, mit Ihrem Sohn über dieses Thema zu reden. Allerdings will ich auch hoffen, er wurde so erzogen, dass er weiß, dass der fragliche Rockstar/das fragliche Supermodel fast sicher von allen möglichen Krankheiten befallen ist. Wir gehen einfach davon aus, dass Ihr Sohn von diesen Krankheiten des Rockstars/Supermodels weiß und für den besten Sex seines Lebens ein Kondom benutzen wird. Abgesehen davon – warum um alles in der Welt sollten Sie bei dieser Koksparty ebenfalls anwesend sein? Das ist doch verrückt!

Außerdem sind Sie für Sex längst zu alt. Also erübrigt es sich wohl auch zu sagen, dass sich das Thema Drogenkonsum mit Blick auf Sie hart an der Grenze zum Bedenklichen bewegt. Ja, Drogen waren eine coole Sache in den Sechzigern und Siebzigern ... und in den Achtzigern und Neunzigern auch. Mal ehrlich, Drogen waren schon immer cool. Die Drogen haben sich ja auch nicht verändert, aber Sie haben sich verändert. Auf der Skala für deprimierende Bilder ganz oben befindet sich der alternde Hippie, der Gras raucht, während seine Kinder verängstigt und seine Freunde erschrocken, aber auch ein wenig amüsiert zusehen.

Sind Sie jetzt verwirrt, weil Sie so viel Wein getrunken/Gras geraucht/Koks geschnupft haben? Dann fasse ich die Fakten der vergangenen Seiten für Sie in diesem nachfolgenden Venn-Diagramm zusammen:

Venn-Diagramm zum Alkoholkonsum

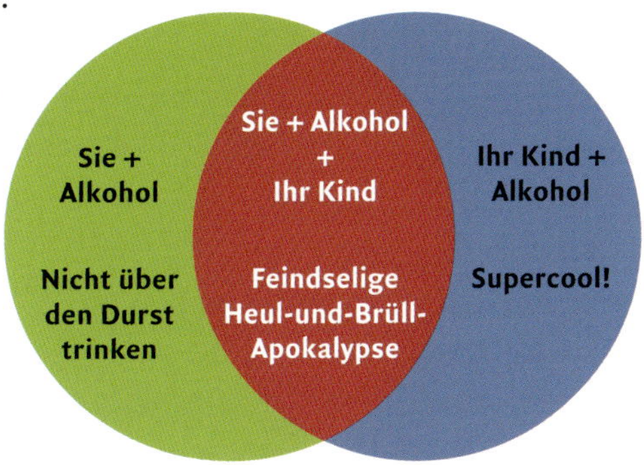

Venn-Diagramm zum Drogenkonsum

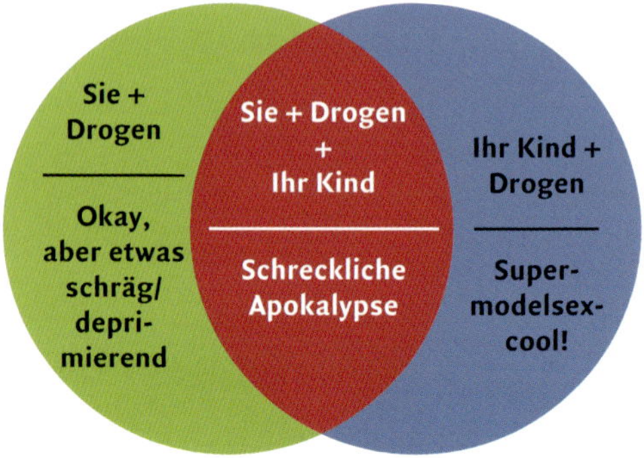

Wie Sie der Schnittmenge in der Mitte des Diagramms entnehmen können, führt die Kombination „Sie + Alkohol + Ihr Kind“ zu einer feindseligen Heul-und-Brüll-Apokalypse. Sagen wir mal, Ihr Sohn kommt übers Wochenende nach Hause, weil er sich von der Stadt erholen will, in der er lebt, und ein Besuch zu Hause die beste Methode ist, um zu erkennen, dass er die Stadt doch eigentlich von ganzem Herzen liebt und nie, nie, nie von dort weggehen sollte. Sie beschließen, in einem Restaurant in der Stadtmitte zu Abend zu essen, obwohl Ihr Sohn es besser hätte wissen und sich gegen diese Idee aussprechen sollen, wenn er nicht diesem kiffenden Schleimertypen begegnen wollte, mit dem er zur Highschool gegangen ist und der jetzt in dem Restaurant als Kellner arbeitet.
Während Sie an Ihrem Tisch Platz nehmen, wird Ihnen beiden im selben Moment klar, dass dieses Wochenende das genaue Gegenteil von Entspannung liefern und ein Aufeinandertreffen all jener Gründe auslösen wird, warum es so toll war, als Ihr Sohn (endlich) von zu Hause aus- und in die Großstadt umzog.

Ein wenig ist das so wie der Vorspann von *Wunderbare Jahre*, nur nicht annähernd so fröhlich und altmodisch. Im Hintergrund läuft dabei nicht „With a Little Help From My Friends" in der Version von Joe Cocker, sondern Ihnen kommt nicht anderes in den Sinn als dieser grässliche Song „Meet Virginia" von Train, was vermutlich daran liegt, dass er in diesem grässlichen Moment aus den grässlichen Lautsprechern in diesem grässlichen Restaurant ertönt. Als hätten Sie das Folgende schon tausendmal geübt, winken Sie beide gleichzeitig den früheren High-School-Kiffer/Schleimer und jetzigen Kellner an den Tisch und bestellen zwei Dirty Grey Goose Martini, natürlich mit Olive. (Schließlich sind Sie beide verwandt und waren unabhängig voneinander schon immer der Meinung, dass der Dirty Martini der edelste Aperitif von allen ist.) Sie trinken – rückblickend vielleicht eine Spur zu schnell – Ihr Glas aus, da Sie bemerken, dass der Kiffer/Schleimer/Kellner Ihren Tisch noch nicht ganz verlassen hatte und sie beide ungläubig anstarrt. Aber egal, Sie beide fühlen sich schon viel besser, und vielleicht könnte der Kiffer/Schleimer/Kellner sich etwas zusammenreißen, den Mund zumachen und noch zwei Martini bringen. Ach, was soll's, warum nicht gleich eine ganze Flasche Wein zum Essen. Immerhin ist das doch schon alles so lange her, nicht wahr? Ihr zwei habt sicher eine Menge zu bereden! Schnitt zur bereits erwähnten feindseligen Heul-und-Brüll-Apokalypse, die wir auch in der Schnittmenge des Alkohol-Diagramms finden. Dazu gehört, dass Gläser zerschlagen werden und die bis dahin gelassenen anderen Gäste entsetzt mitansehen, wie Sie und Ihr Sohn unbeherrscht schluchzen und sich gegenseitig wie Mädchen ohrfeigen, was letztlich gegen den Kiffer/Schleimer/Kellner gerichtet ist, der den Kampf zu unterbinden versucht, obwohl er wissen sollte, dass er sich besser nicht in Ihre Angelegenheiten einmischt – was er auch wissen würde, wenn er nicht so high wäre. Ironischerweise ist das aber der selbstloseste Zug, den der Kiffer/Schleimer/Kellner machen wird, wenngleich auch unbewusst: Denn ihm ist es zu verdanken, dass Sie und Ihr Sohn sich gegen ihn verbünden und Ihren gegenseitigen Groll beilegen. Später werden Sie diese Situation als den Moment ansehen, in dem Sie und Ihr Sohn sich nähergekommen sind. Voller Innigkeit werden Sie dann sagen: „Weißt du, wie wir uns diesen Kiffer/Schleimer/Kellner vorgenommen haben? Mit uns legt sich so leicht keiner an!" (Und dazu alle Fünfe abklatschen.) Erst Jahre später wird Ihnen bewusst werden, dass es völlig unangebracht ist, gemein zu einem Kellner zu sein, ganz gleich, wie schleimig er auch ist. Angesichts dieser Erkenntnis schämen Sie sich in Grund und Boden, und Sie wissen, es wäre nie dazu gekommen, wenn Sie sich vom Alkohol ferngehalten hätten.

Es bleibt in der Familie

Partys mit den Freunden Ihres Kindes

Zu Thanksgiving gab ich bei mir zu Hause eine Party, meine Freunde kamen vorbei und begannen mit ein paar Trinkspielen. Mein Vater kam auf die Idee, sich uns anzuschließen, und es dauerte nicht lange, da spielte er mit meinem besten Freund Bier-Pong und nannte ihn einen „Waschlappen“. Für meinen Freund war das besonders schwierig, weil seine Mutter seinen Vater ebenfalls als „Waschlappen“ bezeichnet hatte, ehe sie die Familie im Stich ließ. Mir war das sehr unangenehm, und ich ließ ihn bei der nächsten Runde Bier-Pong gewinnen, was rückblickend wohl ein Fehler war, denn letztlich war er so betrunken, dass er später am Abend in Tränen ausbrach und von seiner Familie zu erzählen begann. Was für ein Waschlappen.

„Walker“

Ob Sie's glauben oder nicht, aber es kann noch schlimmer kommen als in dem vorangegangenen Kapitel. Zum Beispiel, wenn sich Ihre betrunkenen Eskapaden nicht auf Ihren Sohn und einen einzelnen Kellner beschränken, sondern sich auf die Freunde Ihres Kindes erstrecken, die spontan zu einer Party vorbeigekommen sind. Vielleicht spielen die ja gerade ein Trinkspiel, und Sie glauben, es müsste doch lustig sein, dabei mitzumachen. Oder Sie wollen den Gastgeber spielen, schenken sich ein aquariumgroßes Glas Gewürztraminer ein und schlendern zwischen den Partygästen umher, wobei Sie versuchen, wichtig zu erscheinen. Natürlich ist das Ihr gutes Recht, weil es Ihr eigenes Haus ist und Sie sich in Ihrem eigenen Haus aufhalten können, wo Sie wollen. Immerhin bedienen sich Ihre Gäste vermutlich sogar an Ihrem Spirituosenvorrat, da Ihr Sohn in einem Anfall von Highschoolnostalgie auf die Idee gekommen ist, Ihre Hausbar zu plündern. Merken Sie sich aber eine Regel ganz genau: Beteiligen Sie sich niemals an einem Trinkspiel mit Ihrem Sohn und seinen Freunden, erst recht nicht, wenn es bei dem Spiel um Tischtennisbälle und mehrere mit Bier gefüllte Plastikbecher geht. Diese Spiele fördern nicht nur die Wahrscheinlichkeit eines Vollrauschs, sie wecken auch den Kampfgeist, und niemand möchte miterleben, wie Sie Ihren Sohn, seine Freunde, die Ihnen am Tisch gegenüberstehen, und vielleicht sogar seine bessere Hälfte als „Waschlappen" bezeichnen. Vielleicht verspüren Sie auch den Wunsch, den Freunden Ihres Sohnes näherzukommen, und womöglich sprechen Sie einen von diesen besten Freunden, den Sie schon kannten, als er noch in die fünfte Klasse ging, auf die erst unlängst vollzogene Scheidung seiner Eltern an. Vielleicht wollen Sie unbedingt Ihr Mitgefühl auf eine Weise zum Ausdruck bringen, die ihm zeigt, wie sehr Sie diese Scheidung getroffen hat, wo doch seine Eltern beide so nett sind, dass Sie einfach *nicht fassen können*, wie so etwas nach *dreißig Jahren* Ehe passieren kann!

Da Sie viele Freunde Ihres Sohnes schon lange nicht mehr gesehen haben und sie nun alle erwachsen sind und viele von ihnen doch ziemlich gut aussehen, könnte Ihnen unter Alkoholeinfluss der Gedanke kommen, mit der einen oder anderen Person ein wenig zu flirten. Das ist allerdings wohl das Schlimmste, das Übelste, was Sie Ihrem Sohn antun können. Wenn Sie dann betrunken eine der engsten Kindheitsfreundinnen angaffen und eindeutige Bemerkungen von sich geben, ist die Verlegenheit Ihres Sohnes fast greifbar, und während die Freundin ihr Bestes gibt, Ihren Annäherungsversuch mit Humor zu nehmen, möchte Ihr Sohn nichts lieber tun, als nach einem Stuhl zu greifen und ihn Ihnen auf den Kopf zu donnern, damit Sie das Bewusstsein verlieren. Bedauerlicherweise versuchen Sie aber, Ihren Sturz zu bremsen, indem Sie nach dem Objekt Ihres Flirts greifen und ihr an den Busen bzw. ihm in den Schritt greifen. Das Letzte, was Sie noch wahrnehmen, bevor alles um Sie herum in Schwärze versinkt, sind die entsetzten Schreie der anderen Partygäste und das Klirren des auf dem Boden in tausend Scherben zerspringenden Bierglases.

Regeln für Trinkspiele

Wenn Sie sich schon über meinen dringenden Ratschlag hinwegsetzen und unbedingt bei einem Trinkspiel mit Ihrem Kind und dessen Freunden mitmachen wollen, dann sollten Sie auch die korrekten Spielregeln kennen. Nachfolgend bekommen Sie von mir eine Übersicht über einige der beliebteren Trinkspiele, damit Sie Ihr Kind nicht auch noch dadurch in Verlegenheit bringen, dass Sie die Spielregeln nicht kennen. Die Übersicht dient aber vor allem dem Zweck, Ihnen vor Augen zu führen, dass Sie sich von diesen Spielen besser fernhalten sollten. Ich bin mir sicher, wenn Sie erst einmal gelesen haben, was da abläuft, werden Sie ganz bestimmt nicht mehr mitmachen wollen.

BEIRUT

Material: Zwei Tischtennisbälle, ein gut eins achtzig langer Tisch, Plastikbecher, Bier, dazu vielleicht noch ein originelles Team-T-Shirt, aber das ist kein Muss.[1]

Regeln: Zwei Teams zu je zwei Mitspielern stellen sich an den Kopfenden eines langen Tisches gegenüber auf, der in etwa die Größe einer Tischtennisplatte haben sollte, wenn Sie keine richtige Tischtennisplatte zur Hand haben. Vor jedem Team stehen zehn Plastikbecher, die in Form einer Pyramide aufgestellt sind Jeder Becher wird zu einem Drittel oder zur Hälfte mit Bier gefüllt, abhängig davon, wie betrunken Sie anschließend sein wollen. Am besten nimmt man billiges Light-Bier, weil das praktisch

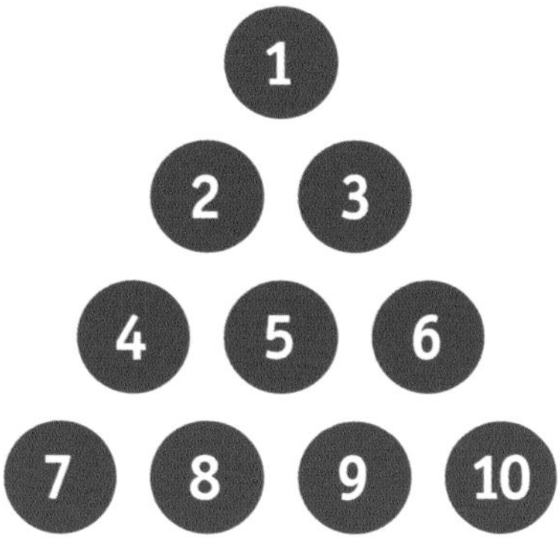

[1] *Wenn Sie T-Shirts tragen wollen, dann können Sie zum Beispiel zu diesen Teamnamen greifen: „Morgen werden wir das bereuen", „Wir sind nicht verwandt", „Wenn die Person neben mir etwas Peinliches veranstaltet, kenne ich sie nicht".*

nach nichts schmeckt und sich mühelos runterkippen lässt. Mittels Streichholzziehen, Armdrücken oder Wrestling bis zum Beinahetod wird entschieden, welches Team anfängt. Dieses Team wirft die beiden Tischtennisbälle auf die Becher des gegnerischen Teams, wobei es darauf ankommt, die Bälle in den Bechern zu versenken. Wird ein Becher getroffen, muss das gegnerische Team den betreffenden Becher austrinken, während das andere Team in lautstarken Jubel ausbricht. Jedes Team hat immer zwei Würfe, es sei denn, beide Teammitglieder versenken ihre Bälle. In dem Fall bekommt das Team die Bälle zurück und darf erneut werfen, während das gegnerische Team eine Runde lang aussetzen muss. Sieger ist, wer zuerst alle gegnerischen Becher getroffen hat. Zusätzlich muss das Verliererteam die noch vollen Becher des Siegerteams austrinken. Danach werden Sie sich entweder übergeben oder einen der Freunde Ihres Kindes anbaggern. Grund genug, bei diesem Spiel nicht mitzumachen.

BIER-PONG

Ähnlich wie Beirut, allerdings werden hier die Bälle nicht geworfen, sondern die Spieler benutzen Tischtennisschläger. Man benötigt also mehr Material, aber nicht nur deshalb ist Beirut das bessere Spiel (finde ich zumindest). Auch hier sollten Sie besser nicht mitmachen.

„ICH HATTE NOCH NIE …“

Das dürfte wohl das schlimmste Trinkspiel sein, das Sie mit Ihrer Tochter und ihren Freunden spielen können, weil es von der Art her wie Flaschendrehen ist, aber es wird mehr Bier konsumiert und die Geschichten sind wüster und damit peinlicher. Alle sitzen im Kreis, dann sagt ein Spieler: „Ich hatte noch nie …“ Es folgt etwas, von dem der Spieler weiß, dass es jemand anders im Kreis oder sogar er selbst eben doch getan hat. Jeder im Kreis, der diese spezielle Sache schon einmal gemacht hat, trinkt dann ein Bier. Wenn nur eine Person es gemacht hat, dann muss sie die Geschichte dazu erzählen. Ich will das an einem Beispiel deutlich machen. Jemand sagt: „Ich hatte noch nie einen Dreier mit meinem Nachbarn und dem spanischen Austauschschüler Javier.“ Wenn Ihre Tochter daraufhin als Einzige ihr Glas hebt, muss sie vor allen Anwesenden berichten, wie sie sich im Sommer ’97 mit Sangria betrunken hat, den jener spanische Austauschschüler Javier gemischt hatte, und schließlich mit ihm und dem scharfen Nachbarn im Bett landete, der eigentlich nur vorbeigekommen war, um etwas Bindfaden zu borgen. Auf gar keinen Fall wollen Sie sich diese Geschichte anhören, und genauso wenig will Ihre Tochter diese Geschichte in Ihrer Gegenwart erzählen, aber so sind nun mal die Spielregeln. Erzählt man die Geschichte nicht, obwohl man als Einziger getrunken hat, gibt es nur einen Ausweg: noch mehr trinken. Sie können also erkennen, warum Ihre Tochter sich an die Spielregeln halten muss. Auch dieses Spiel sollten Sie nie mit Ihrer Tochter spielen. Nie, nie, nie, nie, nie, nie, niemals.

KÖNIGE

Die Spielregeln sind ganz einfach, aber umfangreich, weshalb man sich bei diesem Spiel einiges merken muss. Ein Satz Karten wird mit der Bildseite nach unten im Kreis ausgebreitet. Die

Spieler ziehen im Uhrzeigersinne eine Karte, deren Wert darüber entscheidet, was passieren soll.

2: Nehmen

Der Spieler, der die Karte gezogen hat, trinkt einen Schluck Bier.

3: Geben

Der Spieler, der die Karte gezogen hat, bestimmt, wer im Kreis einen Schluck Bier trinken muss.

4: Den Boden berühr'

Wer als Letzter die Hand auf den Boden legt, muss trinken. Das klingt nach einer ungewöhnlich willkürlichen Regel. Aber beachten Sie, dass sich „berühr'" und „vier" einigermaßen reimen. Üblicherweise vergisst irgendjemand die Regel „Vier, den Boden berühr'" komplett, und wenn alle anderen bereits schadenfroh grinsend dasitzen, weil sie bereits die Hand auf den Boden gelegt haben, fällt dem Vergesslichen plötzlich auf, was er vergessen hat, und er oder sie brüllt: „Oh, Mist!" Die Lacher der anderen sind damit garantiert.

5: Wasserfall

Alle Spieler stellen sich hin und beginnen gleichzeitig, von ihrem Bier zu trinken. Wenn derjenige, der die Karte gezogen hat, das Glas absetzt, darf die Person links von ihm auch mit dem Trinken aufhören. Sobald sie das macht, darf auch der Spieler zur Linken sein Glas absetzen usw. Das heißt, der Spieler rechts von dem, der die Karte gezogen hat, darf erst als Letzter mit dem Trinken aufhören und hat damit sprichwörtlich die schlechtesten Karten.

6: Kategorien

Der Spieler, der diese Karte zieht, wählt eine Kategorie, dann klatschen sich alle im gleichbleibenden Takt auf die Knie, und im Uhrzeigersinn muss jeder im Takt einen Begriff zu dieser Kategorie nennen. Zum Beispiel wird folgende Kategorie genannt: „Ein anderes Wort für Penis". Im Takt geht es dann reihum, und die Mitspieler sagen: „Schwa-hanz." „Jo-hannes." „Schwen-gel." Wem kein Begriff einfällt oder wer aus dem Takt gerät, muss trinken. Wird Ihnen so langsam klar, warum Sie diese Spiele meiden sollten?

7: Gänse

Damit werden Frauen bezeichnet. Zieht jemand eine Sieben, müssen die Frauen in der Runde ganz ladylike mit abgespreiztem kleinem Finger einen Schluck Bier trinken.

8: Schwänze

Jeder in der Runde mit einem Schwanz, also alle Männer, muss sein Bier austrinken. Rufen Sie bitte nicht lautstark „Schwänze!", wenn eine Acht gezogen wird, und versuchen Sie auch nicht, mit Ihrem Platznachbarn alle Fünfe abzuklatschen. Das wäre sehr peinlich, und zwar sowohl für Sie (am nächsten Morgen) als auch für Ihr Kind (in diesem Augenblick).

9: Reim dich oder ich fress dich

Derjenige, der diese Karte zieht, beginnt einen Satz, der Spieler links von ihm muss ihn als Reim weiterführen, darf aber kein Wort wiederholen. Macht er das doch, muss er trinken. Derjenige, der den Reim beginnt, sollte nach Möglichkeit kein Idiot sein und mit „Mein Pullover ist orange" oder „Ich habe Gold lieber als Silber“ anfangen. Falls so was doch passiert, muss dieser Spieler von seinem Bier trinken.

10: Eine Runde für alle

Alle stehen auf, prosten sich zu und lassen das Glas einmal um den Kopf kreisen, dann trinkt jeder. Das Glas um den Kopf kreisen zu lassen, hat keine besondere Bedeutung. Ich schätze, es hat was damit zu tun, dass alle im Kreis von ihrem Bier trinken.

Bube: Rückwärts

Der Spieler rechts von demjenigen, der die Karte gezogen hat, muss trinken. Ist das jetzt idiotisch genug für Sie?

Dame: Fragen

Derjenige, der diese Karte zieht, stellt einem Mitspieler eine Frage, der wiederum einen anderen Spieler etwas fragen muss. Wenn man auf die Frage tatsächlich antwortet oder seine Frage nicht an irgendwen, sondern an den Fragesteller stellt, muss man Bier trinken. Das läuft in etwa so ab:

KARTENNEHMER *(zu seinem Gegenüber)*:
Wie spät ist es?

GEGENÜBER *(an Sie gewandt)*:
Wer ist für dich der beste Sänger/Songschreiber?

SIE: John Fogerty.

ALLE: Trinken!

Ist es Ihnen jetzt endlich peinlich genug, um aus dem Spiel auszusteigen?

König: nichts

Außer dass der Spieler, der den vierten König zieht, sein Bier komplett austrinken muss.

As: Eine Regel aufstellen

Ein Beispiel für eine solche Regel ist, dass man nicht das Wort „Trinken“ sagen darf, sondern ein anderes Wort mit der gleichen Bedeutung suchen muss, beispielsweise „Konsumieren“. Absolventen von Elite-Universitäten lieben es, „Konsumieren!“ zu rufen, weil es so hochtrabend klingt. Je betrunkener die Runde ist, umso unvermeidbarer werden Situationen wie die folgende:

Person, die jemanden ertappt, wie er gegen die Regel verstößt: Trinken!!

Person, die diese Person ertappt, wie sie „Trinken!“ sagt: Ha! Trinken!!

Person, die die Person ertappt, die die erste Person ertappt, wie sie „Trinken!“ sagt: Trinken!!!

(Die Menge tobt, jemand übergibt sich.)

Mir ist klar, dass die Regeln für dieses Trinkspiel variieren. Wenn Sie also als das Kind der Person, für die dieses Buch gedacht ist, diese Seiten lesen und mir erzählen wollen, dass Fünf nicht der Wasserfall, sondern ein Wetttrinken ist, dann sage ich dazu: „Klappe halten, Loser. So sind nun mal meine Regeln, find dich damit ab. Wenn du deinen Eltern erzählen willst, wie man ein Trinkspiel richtig spielt, dann nur zu!“

Religion

Ihr Kind glaubt an Gott.

Oder:

Ihr Kind glaubt nicht an Gott.

Oder:

Ihr Kind weiß nicht, woran es glauben soll.

Mischen Sie sich unter keinen Umständen ein!

Weihnachten

Bloß nicht ...

Jedes Jahr an Heiligabend spielt sich in meiner Familie die Tradition ab, dass die Geschichte „The Night Before Christmas" gelesen wird. Das ist zu einer besonders unangenehmen Tradition geworden, weil mein Großvater darauf besteht, dass mein Bruder und ich Nachtmützen tragen und uns bei ihm auf den Schoß setzen, obwohl wir beide inzwischen auf die eins achtzig zugehen, ganz zu schweigen davon, dass wir fünfundzwanzig bzw. achtundzwanzig sind.

„Sasa"

Ganz gleich, welcher Religion man angehört, Weihnachten ist eine unglaublich schwierige Zeit. Vielleicht ist Ihnen das nicht bekannt, aber schon vier Wochen vor Weihnachten beginnt Ihre Tochter nervös zu werden, da Erinnerungen an das Vorjahr geweckt werden, die fast ein Jahr lang sorgfältig verdrängt worden waren. Die Erinnerung daran, wie Ihre Tochter gleich nach den Feiertagen erschüttert und kreidebleich fluchtartig Ihr Haus verließ, während Sie fröhlich und ahnungslos in der Tür standen und ihr nachwinkten, ist förmlich ins Gedächtnis Ihrer Tochter eingebrannt worden. Zum Beispiel wirkt es auf den ersten Blick so, als würde ich mit Weihnachten schöne Kindheitserinnerungen verbinden, weil es da dieses süße Foto von mir in einem rosafarbenen Strampelanzug gibt, wie ich am Weihnachtsmorgen mit strahlender Miene die Treppe runterkomme. Ja, das ist wirklich ein süßes Foto, weil ich fünf war, als es aufgenommen wurde. Allerdings bestehen meine Eltern darauf, dass ich diese Szene Jahr für Jahr nachspiele, und zwar bis ins letzte Detail. Ich will gar nicht wissen, wo sie einen rosafarbenen Strampler in meiner Größe gefunden haben, und ich möchte auch lieber nicht darüber nachdenken. Ich glaube nämlich, dass ich meine Großmutter am Abend zuvor in dem gleichen Teil gesehen habe. Außerdem roch das Ding nach Mottenkugeln, und nun raten Sie mal, wonach meine Großmutter riecht? Um meinen Eltern zu zeigen, wie unpassend es ist, Weihnachtsstrampler zu tragen, bastelte ich ein Daumenkino aus all den Fotos von meinem fünften bis zu meinem fünfundzwanzigsten Lebensjahr. Beim Blättern fiel meinen Eltern die dramatische Veränderung meines kindlichen Gesichts auf, und vielleicht bemerkten sie in der Mitte des Daumenkinos ein besonderes Leuchten in meinen Augen. Ich ließ sie wissen, dass ich mit fünfzehn begann, der Kamera dezent den Mittelfinger zu zeigen. Inzwischen ist diese Tradition beendet worden.

Um das Weihnachtsfest wirklich zu verstehen, muss man die kleinen Dinge hinter sich lassen. Vergessen Sie, dass Oma seit diesem Jahr so richtig senil ist und innerhalb von zwei Tagen mindestens vierzig Mal die Geschichte erzählt hat, dass sie in ihrer Jugend Stinktiere immer als „Waldkätzchen“ bezeichnet hat. (Die ersten dreißig Mal war es ja noch witzig, aber seitdem nervt es nur noch.) Vergessen Sie, dass Opa genau dort auf die

Couch gepinkelt hat, wo sich Ihre Tochter soeben hingesetzt hat. Sie ist nicht nur zu höflich, um aufzuspringen und die Couch augenblicklich in Brand zu stecken, sondern sie weiß auch, dass Opa (der seinen vernichtenden Blick umherwandern lässt) ein Exmarine ist. Auch wenn er zerbrechlich wirkt und eindeutig inkontinent ist, fürchtet Ihre Tochter, er könne ihr trotzdem noch schwere Verletzungen zufügen. Vergessen Sie das alles. Aber ich glaube, Sie können es gar nicht vergessen, weil es Ihnen überhaupt nicht aufgefallen ist, und genau das ist der Haken an Weihnachten. Sie sind so glücklich darüber, die ganze Familie um sich zu haben, dass Sie das wesentliche Problem gar nicht wahrnehmen, nämlich dass die ganze Familie zusammengekommen ist. Ich will nicht unterstellen, Sie würden Ihre Familie nicht lieben oder Ihre Familie würde Sie nicht lieben. Ich will damit nur sagen, dass nach dreistündigem Beisammensein jede weitere Minute in der Gegenwart jener Menschen, die an all den Neurosen Ihres Kindes eine Mitschuld tragen, für Ihr Kind sehr belastend ist. Sie glauben, Sie sind nicht der Grund für die Neurosen Ihrer Tochter? Erinnern Sie sich noch an die Glückwunschkarte, die Sie mal bekommen haben und auf der geschrieben stand: „Du bist der Grund für all meine Neurosen." Und drinnen stand: „Ich mache keine Witze, du bist wirklich der Grund." Jetzt wird Ihnen sicher klar, dass das keine von diesen lustigen Karten aus dem Kaufhaus war, sondern eine selbst gemachte Karte mit Glitzer rings um die Worte „keine" und „wirklich".

Jedenfalls ist das Schlimmste an den Weihnachtstagen (was weitestgehend auch für Geburtstage gilt) diese eingebaute Erwartung, dass es eine schöne und fröhliche Zeit sein muss, ohne

Rücksicht darauf, wie man sich sonst so fühlt und was Sie gerade von Ihrer Familie halten. Wussten Sie, dass es Leute gibt, die Weihnachten tatsächlich als „die wundervollste Zeit des Jahres" bezeichnen? Ja, es ist wahr. Und die meinen das auch noch völlig ernst, nicht total ironisch, was sie mit einer passenden Geste unterstreichen würden. Ja, ich weiß, die Ironie, dass Weihnachten in Wahrheit weit von dieser Beschreibung entfernt ist, war Gegenstand vieler Filmkomödien, die genau diesen Punkt aufs Korn genommen haben. Am besten vorgeführt wird das in *Schöne Bescherung*, mit Chevy Chase, Beverly D'Angelo und einem Jungen, der aussieht wie ein kleiner Anthony Michael Hall. Es ist der dritte Teil einer Reihe von Persiflagen über die moderne amerikanische Familie, in denen mit den Mitteln von Komödie und Slapstick die Themen Urlaubsreise, Europareise und Weihnachten aufs Korn genommen werden. Das Debakel *Viva Las Vegas – Hoppla, wir kommen* von 1997 zählt aber nicht dazu. Den Film wollen wir lieber nie wieder erwähnen.

Die Erwartung an ein Ereignis, besser als alles andere in einem Jahr zu werden, kann einfach nur Enttäuschung nach sich ziehen. Wenn es nicht die beste Zeit war, dann hat man, folgerichtig, irgendwie versagt. Wenn es also keine weiße Weihnacht ist mit einsetzendem Schneefall genau in dem Moment, als Ihre Tochter ein sich verdächtig bewegendes Päckchen aufmacht, aus dem – Überraschung! – ein süßer kleiner Hund springt, an dessen Halsband ein Diamantring festgemacht ist, während ihr Verlobter um den Weihnachtsbaum herumkommt und vor der schniefenden und schluchzenden Familie um ihre Hand anhält, dann dem Vater die Hand reicht und sie kraftvoll schüttelt und

sich schließlich alle an den Esstisch setzen, wo der fertige Truthahn bereitsteht, dann waren das keine perfekten Weihnachten, und Sie sollten zutiefst enttäuscht sein. Allerdings leben Sie auch nicht im Jahr 1912, in dem zum letzten Mal eine solche Abfolge von Ereignissen dokumentiert wurde, was für Sie Grund genug sein sollte, dankbar zu sein, weil sonst zwei Weltkriege und etliche andere Katastrophen vor Ihnen liegen würden.
Wenn es nicht gelingt, das beste Weihnachtsfest aller Zeiten zu feiern, werden Sie den Leuten die Schuld geben, die daran beteiligt waren, dass eben nicht alles perfekt geraten ist. Mit anderen Worten: Sie werden Ihrer Familie die Schuld geben, ohne Rücksicht darauf, ob das zu Recht geschieht oder nicht. Vielleicht kann Ihr Sohn Sie dieses Jahr nicht leiden, weil er geglaubt hat, Sie würden ihm das Familienauto schenken (nicht mal ein neues Modell, sondern Ihren Volvo von 1992), damit er quer durchs Land fahren und seinen neuen Job antreten kann – aber genau das haben Sie nicht gemacht. Die Enttäuschung ist umso größer ausgefallen, weil Sie Ihr Geschenk auch noch mit Bemerkungen wie „Das ist für dich der *Schlüssel* zum Erfolg“ und „Damit bist du auf der *Autobahn* gut unterwegs“ begleitet haben. Und dann hat Ihr Sohn Ihren alten Computer ausgepackt, auf dem er schon in der siebten Klasse gearbeitet hat. Vielleicht hätten Sie nicht gerade von einem Schlüssel (was Ihr Sohn mit Wagenschlüssel übersetzte) und von der Autobahn (was Ihr Sohn *nicht* mit Datenautobahn übersetzte) reden sollen, als Sie das Geschenk überreichten. Es gab schon zum achtzehnten Geburtstag kein Auto, und das hatte Ihr Sohn ganz gut weggesteckt, auch wenn er sich insgeheim immer wünschte, eines Morgens vor dem

Haus einen Jeep oder etwas Ähnliches vorzufinden, um das eine riesige Schleife gebunden ist. Wo bekommt man eigentlich diese Schleifen her? Na, ist jetzt auch egal. Es wäre nur um einiges cooler gewesen, wenn da ein Wagen mit einer eigens für Ihren Sohn angefertigten Schleife gestanden hätte. Aber wie gesagt, den Wagen haben Sie Ihrem Sohn nicht geschenkt, sondern Handtücher mit Monogramm, das zwar auch eigens für ihn eingestickt wurde, aber das war nun mal nicht das Auto. Außerdem gibt es eine Menge Leute mit den gleichen Initialen wie Ihr Sohn, aber die hätten es nicht alle so wie Ihr Kind zu schätzen gewusst, einen alten Volvo mit einer großen Schleife geschenkt zu bekommen. Warum haben Sie Ihrem Sohn nicht einfach die große Schleife geschenkt und Schluss?

Vielleicht verdienen Sie es ja gar nicht, dass man Ihnen die Schuld gibt, denn Sie haben Ihren Kindern das schönste Weihnachtsfest überhaupt bereitet, indem Sie für sie kochten und sie stundenlang vor dem Fernseher sitzen ließen, so lange sie wollten, anstatt sie in die Kirche oder zu Familienausflügen zu schleifen. O ja, dann würden Sie zu den besten Eltern der Welt gehören und müssten jetzt nicht dieses Buch lesen. Stattdessen würden Sie die unvermeidbare Antwort darauf mit dem Titel *Du kannst jetzt aufhören, dich wie ein Idiot zu benehmen* schreiben, das richtige Buch für all jene Kinder, die jede Chance ungenutzt gelassen haben und die trotzdem immer nur meckern und ihr Leben gegen die Wand fahren können. Allerdings kenne ich keines von diesen Kindern, daher weiß ich nicht, wie gut sich ein solches Buch verkaufen könnte.

Ein paar Tipps, um Weihnachten zu überstehen

1. **Glühwein**

   Sorgen Sie für einen ausreichend großen Vorrat an Glühwein. Der macht fröhlich, solange man nicht zu viel davon trinkt. Aber Sie sind bestimmt in der Lage, sich im Angesicht eines Bechers Glühwein zu beherrschen.

2. **Stimmungsvolle Beleuchtung**

   Dimmen Sie die Beleuchtung. Dämmerlicht wirkt besänftigend auf die Nerven und bringt Ruhe in das gesamte Fest. Außerdem können Sie sich so unbemerkt in irgendeiner Ecke verstecken, wenn Sie bestimmten Verwandten aus dem Weg gehen wollen.

3. **Tanzparty**

   Wenn Sie das plötzliche Bedürfnis verspüren sollten, zu schreien und um sich zu treten, starten Sie einfach eine aggressive Tanzparty, um Ihren Frust abzubauen. Nachdem Sie lange genug Bewegungen wie ein Kickboxer vollführt und sich am doppelten Rittberger ohne Eis versucht haben, sind Sie so ausgepowert, dass Sie längst vergessen haben, was Sie ursprünglich zur Raserei gebracht hat. Ich empfehle dazu Songs wie „What A Feeling“ von Irene Cara oder „Holding Out for A Hero“ von Bonnie Tyler.

4. Übles Nachreden

Nicht untereinander! Wenn die Stimmung sich zu sehr aufheizt, suchen Sie sich ein Opfer außerhalb der Familie. Ziehen Sie über den verrückten Austauschschüler her, der mal bei Ihnen gewohnt hat. Oder über den bescheuerten Nachbarn von gegenüber. Oder über die Regierung. Wenn Sie alle Ihre negative Energie auf ein Opfer außerhalb der Familie richten, werden Sie zum Team, und Teammitglieder hassen sich nicht gegenseitig.

5. „Nobody is perfect"

Haben Sie dieses Brettspiel schon mal gespielt? Es enthält Karten mit der Definition von Fremdwörtern, die niemand kennt, und jeder muss aufschreiben, was er für die wahre Bedeutung des jeweiligen Wortes hält. Ein Spieler liest alle Definitionen vor, und die anderen müssen raten, welche davon auf das Wort zutrifft. Klingt das langweilig? Ist es aber nicht. Nehmen wir zum Beispiel das Wort „acersecomic". Die genaue Definition lautet: „Englischer Begriff für jemanden, der noch nie einen Haarschnitt bekommen hat." Das wissen Sie nicht, also schreiben Sie womöglich etwas in dieser Art: „Ein Komiker, der nicht witzig ist." Und Ihr Kind schreibt vielleicht: „Ich wünschte, ich wäre irgendwo anders." Und dann lesen Sie alle Definitionen vor und erraten die Lösung. Wissen Sie was? Spielen Sie das lieber nicht.

Geeignete Weihnachtsgeschenke für Ihr „20+“-Kind’

1. **Ein Abonnement für eine Zeitschrift,** die sich auf dem Wohnzimmertisch gut macht. (Es muss nicht unbedingt etwas sein, was Ihr Kind interessiert, und vielleicht hat es ja noch gar keinen Wohnzimmertisch, aber auf dem Boden macht sich so eine Zeitschrift auch gut.)

2. **Mehrere Bände anspruchsvoll aussehender Bücher,** die man aufklappen kann, um darin Münzen, Schmuck, Dolche usw. zu verstauen.

3. **Chinchilla-Stiefel mit Alligator-Sohlen.**

4. **Pfeifentabak für die neue Elfenbeinpfeife,** die hervorragend zur neuen Kaschmirjacke passt, die einfach großartig aussieht, wenn sich Ihr Kind in seinem maßgeschneiderten Landhaus gegen den Kaminsims lehnt.

5. **Irgendeines von den Dingen,** über die Eartha Kitt im Song „Santa Baby“ singt, unter anderem einen Säbel, ein hellblaues 54er Cabriolet, eine Yacht, die Schürfrechte an einer Platinmine, Weihnachtsschmuck von Tiffany’s, ein Ring (und damit meint sie nicht das Ding, in dem geboxt wird).

Jesus 20+

Die unbekannten Jahre – endlich enthüllt!

Über die Kindheit, die Jugend und die frühe Erwachsenenphase von Jesus Christus ist erschreckend wenig bekannt. Wir wissen über Jesus nur, dass viel Theater um seine Geburt gemacht wurde und dass er mit Anfang dreißig ein paar ziemlich erstaunliche Dinge vollbrachte. Aber was war in der Zeit zwischen seinem zwanzigsten und dreißigsten Lebensjahr, also dem Abschnitt, der den späteren Wunderwirker prägte wie kein anderer? Wie war seine Beziehung zu den Eltern, und wie wirkte die sich auf sein Leben nach der Auferstehung aus? Tja, ich habe mich mal hingesetzt und mithilfe einiger Raterei und ein paar vagen Erinnerungen an *Die Passion Christi* und *Der Da-Vinci-Code – Sakrileg* ein ungefähres Profil über diesen unbekannten Jesus erstellt. Für mich kann es daher eigentlich nur einen Weg geben, dem er gefolgt sein muss und der einigermaßen einen Sinn ergibt. Ich hoffe, meine exzellente Detektivarbeit lässt Sie erkennen, dass Ihr Kind genau das macht, was Jesus mit Anfang zwanzig gemacht hat, nämlich sich als Versager zu beweisen.

Mit 20 Jahren wohnt Jesus bei seinen Eltern im Keller, wo er sich die Zeit damit vertreibt, erste Gehversuche als Zimmermann zu unternehmen und Weihrauch auf Lunge zu rauchen. In einem von Myrrhe ausgelösten Augenblick der Erkenntnis erfindet er den modernen Esstisch mitsamt Stühlen. Er gibt eine Dinnerparty und ist etwas verwirrt, als er durch pures Herbeiwünschen Wasser in Wein verwandelt, kümmert sich aber nicht weiter darum.

Mit 21 Jahren hat Jesus seine erste sexuelle Erfahrung mit dem Mädchen von nebenan, in das er schon seit Jahren verknallt war, ohne auf eine Erwiderung seiner Gefühle hoffen zu können. Er tut so, als sei es für ihn nicht das erste Mal, weil's ja doch ziemlich peinlich ist, mit 21 immer noch Jungfrau zu sein. Er vertraut sich mit diesem Problem seiner Mutter an, die ihm aus ihrem eigenen Leben erzählt, wie schwierig es für sie war, noch Jungfrau zu sein. Jesus findet das alles völlig abartig und meint: „Mom, könntest du ein einziges Mal nicht darüber reden, wie es *dir* als Jungfrau ergangen ist?" Auch diesmal hinterfragt er nicht, *wieso* seine Mutter bei seiner Geburt denn noch Jungfrau sein konnte. Er will einfach nicht mit seiner Mutter über elterlichen Sex (oder das Nichtstattfinden desselben) reden.

Mit 22 Jahren beschließt Jesus, dass es Zeit wird, aus dem Elternhaus auszuziehen, aber er hat keine neue Bleibe, also gründet er mit seinen Kumpels Petrus und Paulus eine Band. Die drei reisen von Stadt zu Stadt und übernachten immer bei irgendwelchen Freunden auf der Couch. Sie spielen eine Mischung aus Bluegrass und Classic Rock, aber die meisten Leute halten ihre Musik für kein bisschen originell. Die Band löst sich schließlich auf, da man sich nicht auf einen Namen einigen kann. Jesus will sie „Jesus and the Disciples" nennen, Petrus und Paulus bestehen auf „The JPP Experience“. Weil sie aber mit ihren Kritikern einer Meinung sind, dass ihre Band eigentlich gar nichts taugt, trennt man sich schließlich in aller Freundschaft. Später wird Jesus wieder mit Petrus und Paulus zusammenarbeiten.

Mit 23 Jahren bekommt Jesus einen Job in der örtlichen Zimmerei und wohnt in einem Zimmer hinter dem Geschäft. Von seinen Eltern wird er finanziell unterstützt, aber ist das einWunder? Wer soll denn von dem Gehalt schon leben können? Er träumt davon, sein eigenes Geschäft zu eröffnen und das Mädchen von nebenan zu heiraten, das ihm die Unschuld genommen hat. Als er hört, dass die Nachbarstochter inzwischen mit einem anderen Mann verlobt ist, versinkt Jesus eine Weile in tiefe Depressionen. Dann aber stürzt er sich wieder auf seine Arbeit und ist entschlossen, die Frau seiner Träume zurückzugewinnen.

Mit 24 Jahren ist Jesus der berühmteste Zimmermann im ganzen Land, ihm gehören eine ganze Kette von Holzverarbeitungsbetrieben und eine große Villa am See Genezareth. Eines Abends gibt er eine Party für all seine Freunde, und auch seine Nachbarin kommt dorthin. Sie ist nicht mehr verlobt, und sie gesteht ihm ihre Liebe zu ihm. Jesus hat aber längst nach vorn geschaut und treibt sich jetzt lieber mit Promiludern herum. In einem von übermäßigem Senfkornschniefen verursachten Rausch lacht er ihr ins Gesicht, und sie verlässt weinend und allein die Party.

Mit 25 Jahren verlobt sich Jesus mit einem seiner Groupies, aber auf einer riesigen Silvesterparty ertappt er seine Verlobte in flagranti mit seinem besten Freund Judas im Bett. Er fordert seinen Ring zurück und schwört, nie wieder ein Wort mit Judas zu wechseln. Er entsagt seinem materialistischen Lebensstil und lebt fortan ganz allein in der Wüste.

Mit 26 Jahren verbringt Jesus sein Wüstenjahr, als das es allgemein bekannt ist. Er hat nun einen zweieinhalb Meter langen Bart und komponiert auf einer Riedgrasflöte völlig schräge Musik. Fünf Monate lang spricht er kein Wort, aber dann freundet er sich mit einer Wüstenratte an. Die sagt ihm, dass er wieder in der Stadt leben muss, dass größere Dinge auf ihn warten und dass nicht alle Frauen herzlose Miststücke sind, die einem die Seele aus dem Leib reißen. Er dankt der Wüstenratte, spielt ihr ein speziell für sie komponiertes Stück auf der Riedgrasflöte vor, dann kommt es zu einem tränenreichen Abschied mit vielen innigen Umarmungen.

Mit 27 Jahren kehrt Jesus in die Stadt zurück. Judas hat inzwischen jedem erzählt, Jesus sei tot und habe ihm das Haus und das Geschäft vermacht. Jesus ertappt Judas dabei, wie der vor potenziellen Investoren eine Rede hält. Judas wird bei seinem Anblick kreidebleich, und Jesus schmeißt ihn aus dem Büro. Das ist das erste Mal, dass die Leute glauben, Jesus sei von den Toten auferstanden. Als das viele Jahre später dann tatsächlich passiert, reagieren die meisten Menschen mit dem Spruch: „Ist doch keine große Sache. Das hat er anno '27 auch schon mal gemacht." Judas kommt schließlich wieder angekrochen und fleht Jesus an, er möge ihm doch vergeben. Weil

er der gottverdammte Jesus Christus ist, macht er genau das. Natürlich wird sich das später noch als Fehler entpuppen, und Jesus wird beim zweiten Verrat zu Judas jene berühmten Worte sprechen: „Wirklich? Schon wieder? O Mann, Judas, das ist doch völlig klischeehaft!"

Mit 28 Jahren leitet Jesus wieder seinen Betrieb, aber alle Gewinne spendet er jetzt für gute Zwecke. Das genügt ihm aber nicht, denn ihm wird klar, wonach er all die Jahre gesucht hat. Es geht ihm weder um Ruhm noch Vermögen, er will herausfinden, wer sein wahrer Vater ist. Maria hat es ihm nie erzählt, und Josef hatte manchmal zu viel getrunken, wenn er sich mit Maria stritt, und dann rutschten ihm Bemerkungen wie diese raus: „Na, es ist nicht gerade so, dass ich mit seinem *wirklichen* Vater mithalten könnte." Maria erwiderte dann meistens: „Bei Gott, da sagst du was Wahres!"

Mit 29 Jahren erfährt Jesus von Maria endlich, dass er der Sohn Gottes ist. Zuerst fehlen ihm die Worte, und er meint, er sei einfach nur total bekifft, aber Maria kann ihn davon überzeugen, dass es die Wahrheit ist. Als er abermals versehentlich Wasser in Wein verwandelt und einen blinden Mann wieder sehen lässt, glaubt er ihr. Schnell gewöhnt er sich an seine neuen Kräfte und freundet sich mit Leuten an, die zu ihm als Mensch aufblicken und sich nicht darum scheren, wie viel Geld oder Erfolg er hat. Sein Herz bleibt aber weiterhin gebrochen, bis er Maria Magdalena begegnet. Die beiden verlieben sich und bekommen ein Kind, das sie auf den Namen *Da-Vinci-Code* taufen.

Eine Nachricht der Autorin

Ich habe meine Bio-Cashewnüsse inzwischen aufgegessen und hätte gern Nachschub. Hier ein paar Gründe, warum Sie mich schnellstens mit noch mehr Nüssen versorgen sollten.

1. Ich bin noch immer hungrig.
2. Die Nüsse schmecken köstlich.
3. Ich habe nicht sehr viel Geld bekommen, um dieses Buch zu schreiben, während der Wert meiner Informationen für Sie praktisch unbezahlbar ist. Darum wäre ein wenig zusätzliche Dankbarkeit über die paar Kröten hinaus, die Sie für das Buch hingelegt haben, sehr angenehm, nein, sogar mehr als gerechtfertigt.
4. Ich habe diesem Buch nicht den ursprünglichen Titel *Du kannst jetzt aufhören Scheiße zu bauen* gegeben, und es heißt auch nicht *Hör endlich auf, dich einzumischen, auch wenn du's noch so gut meinst*, wie mein Verleger vorgeschlagen hatte. Nachdem Ihnen nun diese beiden Titel erspart geblieben sind, habe ich einen angemessenen Dank wohl mehr als verdient.

Ich bin froh, dass Sie meiner Meinung sind. Ich werde nun weiterschreiben, nachdem mir mein frisch aufgestockter Vorrat an Bio-Cashewnüssen neue Kraft gegeben hat.

Augen zu und durch!

Wenn Ihr Nachwuchs einen Trip durch die Vereinigten Staaten unternehmen will

Mein Dad ist mal mit mir zur Hochzeit meiner Cousine gefahren, und zwar von Hartford in Connecticut bis nach Virginia Beach in Virginia. Während der vielen Stunden im Auto kam er irgendwann auf seine früheren Beziehungen zu sprechen, und dabei erfuhr ich dann auch, dass er 1969 sechs Monate lang verheiratet war, als er einen ausgedehnten Drogentrip in Marokko unternahm. Deshalb könnte es sein, dass ich eine Halbschwester oder einen Halbbruder habe, aber so genau konnte er das nicht sagen. Dann überlegte er weiter, dass mein aktueller Freund ihn sehr an seine Exfrau erinnere. *„Srh Wlkr"*

Ein prägendes Erlebnis im Leben eines jeden jungen Menschen ist eine Autofahrt quer durch die USA, entweder allein oder in Begleitung einiger guter Freunde. Diese Fahrt verkörpert den letzten Schritt hin zur Eigenständigkeit und sorgt dafür, dass man sich dem Land und seinen Straßen besonders eng verbunden fühlt. Zugleich wird damit die Fähigkeit auf die Probe gestellt, gegenüber den Vertretern des jeweils anderen Geschlechts so viele Verweise auf den Roman *Unterwegs* einzuwerfen, wie es nur geht. Diese (erfolglosen) Versuche, Eindruck zu schinden, führen bestenfalls zum Irrglauben, halb so cool wie Jack Kerouac zu sein (was diese jungen Menschen aber nicht sind).[1]

Nachfolgend ein grober Plan für eine typische Reise quer durch die USA, die auf einer südlichen Route von New York nach Los Angeles führt:

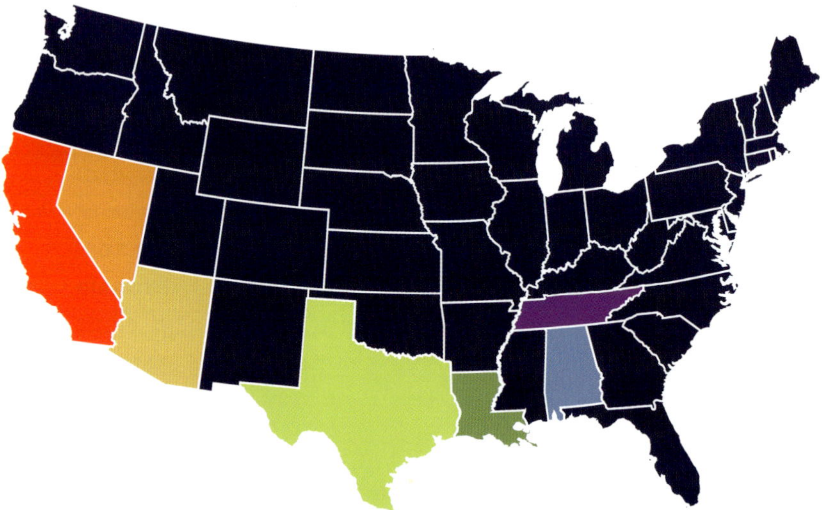

NASHVILLE, TENNESSEE

Ihr Sohn betrinkt sich in einer Bar mit den Einheimischen, mit denen er sich sehr stark verbunden fühlt, womit die schrecklichen Vorurteile ausgeräumt werden, die er bis dahin über die Leute im Süden mit sich herumgetragen hat. Durch diese Erfah-

[1] *Wohl eher nur ein Millionstel so cool wie Jack Kerouac!*

rung beschämt, schwört Ihr Sohn, von nun an unvoreingenommen an die Südstaatenkultur und ihre Musik heranzugehen – und das betrifft nicht nur Elvis, sondern auch Hank Williams und vielleicht sogar Alternative Country, was immer das auch sein mag. Auf jeden Fall klingt's cool.

MOBILE, ALABAMA

Ihr Sohn betrinkt sich in einer Bar mit den Einheimischen, um seinem Vorsatz treu zu bleiben, die Südstaatenkultur nicht länger von oben herab zu betrachten. Nach einer Beinahe-Kollision mit einer Tätowiernadel und der Flagge der Konföderierten schwört sich Ihr Sohn, ab sofort der Südstaatenkultur nicht mehr so unvoreingenommen zu begegnen. Immerhin hätte das Tattoo einer Konföderiertenflagge dem chinesischen Tattoo am rechten Fußgelenk seine Schärfe genommen, besagt dieses Symbol doch … ähm … was besagt das noch gleich? Ach, egal, jedenfalls sieht es irre aus.

NEW ORLEANS, LOUISIANA

Ihr Sohn denkt intensiv über die gesellschaftlichen und wirtschaftlichen Gräben in den Vereinigten Staaten nach, während er sich in einer Bar betrinkt, in der die Einheimischen diese Überlegungen zu tolerieren scheinen. Er bestellt die typische Portion Jambalaya in der Lorbeerblatt-Schüssel, bei der man sich etwas wünschen muss.. Wie es sich für Jambalaya gehört, wünscht er sich etwas, was die scharfe Frau am anderen Ende der Theke betrifft. Der Wunsch geht nicht in Erfüllung, und Ihr Sohn verliert den Glauben an die Macht des Jambalaya.

AUSTIN, TEXAS

Die Indie-Rockszene und die angesagte Kultur in Austin versetzen Ihren Sohn in völliges Erstaunen, und er schämt sich ein wenig für den ganzen Mist, den er früher über Texas von sich gegeben hat. Er betrinkt sich in einer Bar mit Einheimischen und beginnt „The stars at night are big and bright …" zu singen. Während er auf die Mitklatschzeile „Deep in the heart of Texas" wartet, wird er von einer Bierflasche am Kopf getroffen. Nicht so wild, aber ab sofort wird Ihr Sohn wieder allen möglichen Mist über Texas von sich geben.

GRAND CANYON, ARIZONA

Beim Blick in den Canyon wird Ihr Sohn von diesem Meisterwerk der Natur restlos überwältigt und fühlt sich ganz unglaublich mit dem Leben verbunden. Er ist davon überzeugt, dass er viel sensibler ist als seine dämlichen Freunde (vor allem die nervigen und miefenden Freunde, mit denen er seit zehn Tagen in einem Wagen unterwegs ist). Ihr Sohn nimmt sich vor, mehr zu schreiben, auch wenn es für ein Reisetagebuch im Grunde schon zu spät ist. Aber später wird er auf jeden Fall mehr schreiben. Und er wird sich mehr mit Fotografien von Ansel Adams und Co. beschäftigen. Mit einem Mal verspürt er ein übermächtiges Verlangen nach Gras.

LAS VEGAS, NEVADA

Vergessen Sie den Naturverbundenheitsscheiß. Ihr Sohn und seine Freunde unterhalten sich nur noch in Dialogen aus *Swingers*, wobei sie aber versehentlich ihr gesamtes Geld verlieren, weil sie wie Idioten aus *Swingers* zitiert haben, anstatt sich auf das Spiel zu konzentrieren. Darum müssen sie jetzt auch im Wagen übernachten. Einer von ihnen merkt ironisch an, sie sollten sich die Show von Céline Dion ansehen, aber dann müssen sie betreten einsehen, dass sie sich die Karten ohnehin nicht leisten könnten. Irgendwann viel später erfahren sie, dass sie sich ihre Betretenheit hätten sparen können, weil Céline Dion sowieso schon längst auf Welttournee gegangen war. Aber sie bekommen wirklich köstliche Eier zu essen, die sie jedoch nicht so richtig genießen können, weil sie von schrecklich fettleibigen Menschen umgeben sind. Das beschert ihnen ein entsetzlich schlechtes Gefühl wegen der Menschen in den USA, vor allem aber wegen der Menschen in Las Vegas.

LOS ANGELES, KALIFORNIEN

Nach einem köstlichen Sandwich zum Frühstück im Urth Caffé in Santa Monica beschließen Ihr Sohn und seine Freunde, ab sofort zu jeder Mahlzeit eine Avocado zu essen. Sie genehmigen sich einen Drink im Chateau Marmont, das sie zum wundervollsten Ort auf der ganzen Welt erklären. Sie nehmen sich vor, alles zu unternehmen, damit sie so groß rauskommen, dass sie dort drei Monate leben können. Das Lebensziel ist jetzt klar definiert: ein Quartier im Chateau Marmont, während sie an einem Drehbuch über ihre Reise durch die Staaten schreiben. Niemand hat Amerika je so erfahren wie sie, und ihre Erfahrungen lassen sich hervorragend auf die Kinoleinwand übertragen. Die nächsten zwei Wochen werden sie ausschließlich darüber nachdenken, von welchen Schauspielern sie verkörpert werden sollten.

Wie Sie sehen können, ist für Sie als Elternteil kein Platz in diesem Plan. Darum ist die Tatsache, dass Sie jetzt als Aufpasser mit Ihrem Kind hinter dem Lenker unterwegs sind, äußerst verwerflich, wenn nicht sogar völlig unglaublich. Ich nehme an, das soll wohl ein Versuch sein, eine engere Bindung zu Ihrem Kind herzustellen. Aber bevor Sie auf die Idee kamen, quer durch die Staaten zu fahren, hätten Sie Ihr Kind vielleicht auch erst mal nur anrufen können. Wenn Sie schon auf einer Autofahrt bestehen, dann sollten Sie vielleicht beim Telefonat so tun, als würden Sie mit Ihrem Kind in einer Limousine sitzen, in der Sie sich gegenseitig nicht sehen können, weil einer von Ihnen der Chauffeur und der andere der Fahrgast ist, die durch eine getönte Scheibe voneinander getrennt sind. Unterhalten können Sie sich deshalb nur über die Sprechanlage. Das gibt Ihnen außerdem Gelegenheit, während des Telefonierens Alkohol zu trinken, was nicht ratsam wäre, wenn Sie wirklich mit dem Wagen unterwegs wären. Außerdem sparen Sie Benzin und schonen die Umwelt! Schaffen Sie also eine engere Bindung zu Ihrem Kind, und tun Sie gleichzeitig etwas Sinnvolles für Ihre Mitmenschen.
Wenn Sie aber wirklich auf der Straße unterwegs sind, dann hoffentlich aus einem zwingenden Grund wie zum Beispiel eine Hochzeit in St. Louis, bei der Sie das Geld nicht für ein Flugticket ausgeben konnten, weil Sie Hotelzimmer und die Hochzeitsgeschenke bezahlen müssen. Wenn Sie allerdings die Benzinpreise bedenken und zusammenrechnen, wie teuer es Sie kommt, auf dem Weg nach St. Louis immer wieder in Hotels absteigen und irgendwo essen zu müssen, dann stellt sich die Frage, ob Sie das wirklich so viel günstiger kommt. Vor allem,

wenn Sie dabei noch einen Strafzettel wegen einer Geschwindigkeitsübertretung kassieren. Dann sind Sie noch zwei Hunderter los. Und lassen Sie ja die Finger vom Radio! Ja, normalerweise ist der Fahrer derjenige, der die Macht über das Autoradio hat. Ihr Kind würde sich sicher gern mit Ihnen irgendeinen Countrysender anhören. Aber wenn Sie im Gegenzug die Lieblingsmusik Ihres Kindes so weit herunterdrehen, dass man fast nichts mehr hört, nur um Ihrem Kind ziemlich offensichtlich zu verstehen zu geben, den Sender zu wechseln, dann ist das einfach nur zum Kotzen. Und acht Stunden lang nur Steely Dan und den Soundtrack zu *Good Morning, Vietnam* laufen zu lassen, ist auch nicht so cool. Ihr Kind verfügt über einen breit gefächerten Musikgeschmack und kennt sich auf dem Gebiet wirklich aus, während Sie die Titelfolge von *John Denver's Greatest Hits* auswendig runterrasseln können. Vertrauen Sie Ihrem Kind.

Als Folge davon, dass Sie beide zusammen viele Stunden auf engstem Raum verbringen müssen, wird sich die Gelegenheit zu einer Unterhaltung mit Ihrem Kind ergeben. Ihrem Kind ist klar, dass es sich nirgends verkriechen kann, wenn die Unterhaltung eine unerfreuliche Richtung einschlägt, es sei denn, es hat Übung darin, sich aus dem fahrenden Auto zu werfen und in den Straßengraben rollen zu lassen, wie man das so oft im Kino zu sehen bekommt. Allerdings vermutet Ihr Kind, ein solcher Sprung müsse mit ein paar Knochenbrüchen einhergehen, weshalb es von dieser Idee wahrscheinlich Abstand nehmen wird. Nachfolgend eine Liste der Themen, die Sie bedenkenlos während einer Autofahrt mit Ihrem Kind ansprechen können.

Gesprächsthemen für eine Autofahrt mit Ihrem Kind
Wie sehr Sie Ihr Kind bei all seinen Bemühungen unterstützen
Die Umgebung (Ist die nicht großartig?)
Wie unheimlich manche alten Leute sind, vor allem Großvater mit seiner Schwertersammlung
Nationalparks im Nordwesten der USA und in Kanada
Französischer Bossanova
Russisches Kino
Wie viel Freude es Ihnen bereiten würde, in diesem Jahr für Ihr Kind die Steuererklärung zu machen
Blumen!
Was ist effizienter: Milizen aus der Kolonialzeit oder moderne Milizen?
Miró kontra Picasso
Eisbären: pelzige Freunde oder gefährliche Bestien?
Das ländliche England im 18. Jahrhundert
Briefmarken
Der Aufstieg des amerikanischen Schienensystems
Kroatien als Urlaubsland
Hochzeiten (Nein, nein! Das war nur ein Scherz!)

Das sind aber auch schon die einzigen wirklich sicheren Themen. Nachfolgend drei Beispiele für scheinbar völlig harmlose Themen, aus denen sich schwere Streitereien entwickeln können.

Profisportveranstaltungen

Das führt zur Diskussion über Basketballkarrieren an der Highschool. ⇢ Sie erinnern sich daran, wie sich Ihr Kind bei einem Spiel die Nase brach. ⇢ Danach hatten Sie keine ruhige Minute mehr, wenn Ihr Kind wieder auf dem Spielfeld war. ⇢ Ihr Kind hasst das. ⇢ **STREIT.**

Stickereien

Führt zu einem Gespräch über die klischeehaften Sätze, die in gestickten Bildern auftauchen, beispielsweise „Home Sweet Home". ⇢ Sie machen einen halb ernst gemeinten Witz darüber, dass eine „Home Sweet Home"-Stickerei in einem Haushalt mit Kindern keinen Platz hat. ⇢ Was soll denn das heißen? ⇢ **STREIT.**

Adelsporträts

Führt zu einem Gespräch über europäische Adelsfamilien aus dem 18. Jahrhundert ⇢ Dazu gehören die Habsburger. ⇢ Sie haben das Residenzschloss der Habsburger gesehen, als Sie im Sommer 2000 einen Familienausflug nach Wien unternommen haben. ⇢ Dann gingen Sie essen und verspeisten einen ganzen Berg Wiener Schnitzel, was einfach eklig war. ⇢ Ihr Kind will wissen, warum Sie nie mit ihm in ein asiatisches Land gereist sind, wo das Essen sicher besser gewesen wäre. ⇢ Sie bezeichnen Ihr Kind als verwöhnt. ⇢ Ihr Kind nennt Sie einen Rassisten. ⇢ **STREIT.**

Reisen in andere Länder

Olé!

Als meine Eltern mit mir Urlaub in Spanien machten, wurde ich zur Dolmetscherin bestimmt, weil ich als Einzige in unserer Familie Spanisch sprechen kann. Allerdings ist mein Akzent so grauenvoll, dass die Spanier darauf bestanden, sich mit mir in tadellosem Englisch zu unterhalten. Das ließ mich glauben, dass meine Eltern in der Lage sein würden, sich auch ohne mich zu verständigen. Also ließ ich sie gut eine Stunde lang allein, und prompt wurden sie von Basken entführt und irgendwo in der Nähe von Valencia wieder ausgesetzt. Es war ein unglaubliches Theater, bis ich sie endlich wiedergefunden hatte.

„Sar-ey"

Wow, das ist ja richtig nett von Ihnen, dass Sie Ihrer Tochter einen Besuch in London bezahlen. Das hätte sie aus eigener Tasche *niemals* finanzieren können. Mich wundert sowieso, wie es sich überhaupt irgendjemand leisten kann, in London zu leben. Und ist das nicht verrückt, dass die alle auf der falschen Seite im Auto sitzen und auf der falschen Straßenseite fahren? Da könnte man stundenlang Witze drüber reißen! Aber wie gesagt, ich kann's kaum glauben, dass Sie Ihrer Tochter einen Flug in der ersten Klasse und eine Suite in einem schicken Hotel in Covent Garden spendieren! Das ist wirklich *so* nett! Ihnen ist klar, dass Ihre Tochter den Tag über gern allein unterwegs sein möchte, dass sie aber ein wenig Taschengeld benötigen dürfte, um den Tower of London zu besuchen. Ihnen ist auch klar, dass die Museen keinen Eintritt verlangen, aber was ist, wenn Ihre Tochter etwas kaufen möchte? Das ist wirklich sehr großzügig von Ihnen, allerdings ist es ja auch Ihre Tochter, die in letzter Zeit wirklich deutlich gemacht hat, dass sie keinen Job hat. Vielleicht findet sie ja in London einen Job. Oder wenigstens einen heißen Londoner, der sie für ein paar Monate in seine Wohnung aufnimmt und mit ihr Bälle und indische Restaurants besucht. Gemeinsam mit Ihrer Tochter zu verreisen, war wirklich das Beste, was Sie machen konnten. Und mit „gemeinsam" meine ich, dass Sie die ganze Zeit über getrennte Wege gegangen sind, aber gemeinsam vom gleichen Bankkonto das Geld abgehoben haben.

Sex

Ich habe schon mehr gesagt, als ich überhaupt wollte

Einmal ertappte ich meine Eltern beim Sex, doch sie bemerkten mich nicht und machten weiter. Ich glaube, es war die Missionarsstellung, aber sicher bin ich mir nicht, weil mich sofort hysterische Blindheit befiel. Ich rannte weinend aus dem Zimmer und kehrte erst später zurück, als ich mir sicher sein konnte, dass sie fertig waren, und gab schluchzend vor, ich hätte einen Albtraum gehabt. Meine Mutter begleitete mich in mein Zimmer, wo ich ihr sagte, was ich gesehen hatte. Ich wollte von ihr wissen, warum sie beide Sex hatten, wo sie doch schon zwei Kinder hätten. War ich keine gute Tochter? Sie versicherte mir, da sie bereits 55 sei (ich war zu dem Zeitpunkt 25), sei so gut wie ausgeschlossen, dass sie noch ein Kind bekommen werde. Danach fühlte ich mich besser, aber dieses Bild verfolgt mich noch immer, und die letzten zwei Wochen waren eine einzige Qual für mich.

„Sarah“

Während ich dieses Kapitel schreibe, halte ich mir die meiste Zeit über die Augen zu, denn allein schon der Gedanke daran, die Themen Sex, Sie und Ihr Kind in ein einziges Kapitel zu packen, ist äußerst beängstigend. Folglich wird es für mich sehr mühselig sein, die folgenden Seiten zu schreiben, da ich nur mit meinen Ellbogen tippen kann, was mich mindestens die dreifache Zeit kosten wird. Wenn ich richtig gerechnet habe, dann müsste das bedeuten, dass ich eineinhalb Stunden benötigen werde. Sie müssen wissen, ich kann unglaublich schnell schreiben, vor allem weil ich sehr flinke Finger habe (ich schaffe 360 Anschläge in der Minute, ganz ehrlich) und die guten Ratschläge nur so aus mir herausströmen ... als wäre ich ... eine gute Ratgeberin. Diese Tatsache wirkt sich zwar nicht unbedingt darauf aus, wie Sie diese Zeilen lesen, aber ich hoffe, Sie wissen zu schätzen, welches Opfer ich gebracht habe, um dieses Kapitel zu schreiben: Ich musste meine Lieblingsserie *Dogs With Jobs* aufzeichnen. Keine Sorge, ich werde sie mir in ein paar Stunden bei einem Snack aus Karotten und Hummus ansehen. Wenn ich dann sehe, welche Jobs von Hunden ausgeübt werden, dann wird mir sofort warm ums Herz, und das wird mir helfen, über die traumatische Erfahrung hinwegzukommen, seitenlang über elterlichen Sex geschrieben zu haben. Allerdings werde ich nach einer Weile in Depressionen versinken, weil ich mich frage, warum es so viele arbeitslose Menschen gibt, wenn selbst Hunde einen Job finden können.

In weiser Voraussicht habe ich ein Kotztütchen bereitliegen, das ich bei meinem letzten Flug habe mitgehen lassen. Außerdem bin ich mit einem Energy Drink und einer Packung Salzstangen ausgerüstet, damit ich selbst dann noch weiterschreiben kann, wenn ich durch themenbedingtes Erbrechen wertvolle Elektrolyte verloren habe. Dieses Kapitel ist wichtig, aber zugleich auch schrecklich unangenehm, etwa so wie eine Wurzelbehandlung

oder ein Abstrich. Sehen Sie? Allein „Abstrich“ zu schreiben war schon abstoßend, weil ich genau weiß, dass Sie das jetzt gerade lesen. Womit ich beim Thema „Gespräche über Sex“ angelangt wäre.
Vermutlich haben Sie mit Ihrem Sohn schon über Sex gesprochen, als der so etwa elf war. Nicht, weil Sie das unbedingt machen wollten, sondern weil Ihr Sohn beim Anblick seiner gewaltigen Erektion hemmungslos zu schreien begann, während Sie in Ihrem Familienauto auf dem Weg nach Disney World waren. Ob es an der Hitze lag, an der holprigen Straße oder an seinem Dämmerschlaf, bei dem er die ganze Zeit an Arielle die kleine Meerjungfrau dachte, oder an einer Kombination aller drei Faktoren, wird niemand je mit Gewissheit sagen können. Sie werden nur wissen, dass dieser Streckenabschnitt zwischen Myrtle Beach und Orlando für immer mit den Erinnerungen an diesen Wendepunkt in Ihrer Beziehung verbunden sein wird, jenen Moment, bei dem jeder von Ihnen zu viel über sich und das Leben im Allgemeinen offenbaren musste. Seitdem hat es etliche Gespräche dieser Art gegeben. Denken wir nur an Themen wie „Manchmal überlege ich, wie wohl mein Leben aussehen würde, wenn ich deine Mutter nicht geheiratet hätte“ oder „Als ich in deinem Alter war, hatte ich meine homosexuellen Erfahrungen längst hinter mir“. Aber diese eine Unterhaltung bleibt ganz besonders im Gedächtnis, weil sie die erste ihrer Art war. Als Folge davon hielt sich Ihr Sohn von Cinderella und Co. fern, da er fürchtete, der Vorfall könnte sich wiederholen. Seitdem betrachtet er die Heldinnen aus den Disney-Cartoons auch mit einer Mischung aus Lust und Angst. (Und so betrachtet er seitdem

auch alle anderen Frauen.) Es war auch das erste (und beileibe nicht letzte) Mal, dass Sie Disney World als Lasterhöhle betrachteten, was Sie dazu veranlasste, sich bei der Geschäftsführung von Disney World zu beschweren und zu verlangen, die als Cartoon-Heldinnen verkleideten Studentinnen sollten sich nicht so aufreizend anziehen. Zugleich verspürten Sie aber auch eine gewisse Erleichterung darüber, dass Ihr Sohn nicht schwul ist. Natürlich hätten Sie damit kein Problem gehabt, aber Sie finden es auch ganz schön zu wissen, dass er nicht in vielen Jahren mit seinem Partner am „Schwulentag“ nach Disney World fahren wird, weil das ehrlich gesagt doch wirklich absolut schwul ist.

Vielleicht war das nicht das erste Mal, dass Sie mit Ihrem Kind über Sex reden mussten. Vielleicht ist Ihre Tochter im Alter von fünf Jahren aus einem Albtraum hochgeschreckt und schlaftrunken in Ihr Schlafzimmer getapst, während Sie gerade in Aktion waren.

O Gott, ich habe gerade diesen seltsamen Geschmack im Mund, kurz bevor man sich übergeben muss. Okay, jetzt geht's wieder.

Als Ihre Tochter weinend aus dem Zimmer rannte, überlegten Sie, ob Sie vielleicht so tun könnten, als sei nie etwas passiert, und ob Sie ihr weismachen sollten, dass sie alles nur geträumt hatte. Sie begannen sich zu fragen, ob Sie selbst heute ein anderer Mensch wären, wenn Ihre Eltern diese Taktik angewandt hätten, als Sie im falschen Moment in deren Schlafzimmer kamen. Und ebenso fragten Sie sich, wie es sein konnte, dass Sie sich zwar geschworen hatten, sich nie von Ihrer Tochter dabei ertappen zu lassen, dass Sie diesen Schwur aber soeben gebrochen hatten. Und dann überlegten Sie, ob Sie diesen Schwur doch noch irgendwie aufrechterhalten könnten, wenn Sie allen Beteiligten – Ihr Ehepartner eingeschlossen – weismachten, es sei nie etwas passiert. Dann jedoch meldete sich Ihr Gewissen zu Wort, Sie gingen ins Kinderzimmer und versicherten Ihrer in Tränen aufgelösten Tochter, dass Sie nicht versucht hatten, noch mehr Kinder zu bekommen. Ja, das hat damals wirklich wunderbar funktioniert. Ihre Tochter legte sich beruhigt schlafen, befreit von der Angst, sie könnte nicht mehr gut genug für Sie sein, bis ... neun Monate später der kleine Bruder zur Welt kam. Gut gemacht. Und da fragen Sie sich noch, warum Ihre älteste Tochter mit Ihrem jüngsten Sohn so grob umgesprungen ist?

Sollten Sie bei einer gemeinsamen Urlaubsreise auf die Idee kommen, nebeneinanderliegende Zimmer zu buchen, und mit dem Gedanken an lautstarken Sex im Hotel spielen, dann wäre es nicht schlecht, wenn Sie dabei bedenken, dass Ihre Tochter nicht mehr acht, sondern fünfundzwanzig ist und dass sie (hoffentlich) genau weiß, was im Zimmer nebenan abläuft. Ihre Tochter kann gar nicht anders, als sich das Geschehen bildlich vorzustellen, was an sich schon verstörend genug ist. Aber wenn sie dann noch darüber nachzudenken beginnt, dass sie selbst in diesem Moment keinen Sex hat, dann müssen Sie sich nicht wundern, wenn Sie am nächsten Morgen für die Benutzung der Minibar schlappe zwei Riesen hinlegen dürfen. Sie haben es gar nicht anders verdient. Ja, ja, ist ja toll, dass Sie alt sind und immer noch Sex haben. Absoluter Wahnsinn! Aber könnten Sie das bitte für sich behalten? Eine Ausnahme gilt nur dann, wenn Sie Pierce Brosnan oder Rene Russo im 99er Remake *Die Thomas Crown Affäre* sind und unerklärlich anschaulichen, aber heißen

Ältere-Menschen-Sex haben. Ansonsten behalten Sie Ihre sexuellen Aktivitäten für sich, und zwar am besten in einem schalldichten Raum.

Absolut tabu ist, mit einem älteren Kind über Sex zu reden. Das Thema müssen Sie sogar dann meiden, wenn Ihre Tochter kurz davor ist, ein Kind zur Welt zu bringen. Das halten Sie für unreif? Okay, vielleicht wollen Sie ja lieber mit Ihrer Tochter über Ihre bevorzugte Stellung reden und Erfahrungen austauschen. Ach, doch nicht? Aber Sie waren doch zuvor so mitteilungsbedürftig. Wie kommt's zu diesem Sinneswandel?

Folglich meiden Sie bitte jegliche Unterhaltung, die sich in Richtung großelterlicher Sex bewegt. Sagen Sie zum Beispiel nie: „Ich glaube, dein Großvater ist neidisch auf mein Sexleben." Und wenn Großmutter sich im Pflegeheim mit einem älteren Herrn zu verabreden beginnt und Ihr Kind wissen will, was die beiden verbindet, dann antworten Sie besser nicht: „Ach, den beiden geht's nur um Sex", um dann zu einer Schmährede darüber anzusetzen, dass betreutes Wohnen eine Brutstätte für Geschlechtskrankheiten aller Art ist, ganz gleich, wie wahr oder unwahr eine solche Aussage ist. Ich bin wirklich erstaunt, dass Sie so ein Kavalier sind, wenn es darum geht, über das Sexleben Ihrer Eltern zu reden. Vielleicht hat es ja was mit den verschiedenen Generationen zu tun, aber was ist so interessant an der Vorstellung, dass (a) alte Leute es machen und (b) diese alten Leute niemand anderes sind als Ihre Eltern?

Um Ihnen zu verdeutlichen, was ich damit sagen will, möchte ich Ihnen einen Auszug aus einer meiner erotischen Geschich-

ten zu lesen geben, die ich unter dem Pseudonym Leslie Haversham schreibe. Wenn Sie die folgenden Zeilen lesen, stellen Sie sich bitte Ihre Eltern in den Rollen der beiden Hauptfiguren Inga und Cormac vor.

Inga zog gemächlich ihr Negligé aus und tauchte einen Zeh in das dampfende Badewasser, das ihr Diener Cormac eingelassen hatte. Die Temperatur war genau richtig. Cormac ließ stets das perfekte Bad ein, was für einen so jungen und kraftvollen Mann eine beachtliche Leistung war. Im Spiegel betrachtete sie ihren nackten Körper und bewunderte ihre Rundungen. Plötzlich bemerkte sie Cormac im Spiegelbild.
„Cormac!“, rief sie aus. „Was haben Sie hier zu suchen? Ich sagte Ihnen doch, Sie sollen meine Unterwäsche bügeln, nachdem Sie das Bad eingelassen haben! Wie können Sie es wagen, mich so zu überraschen?“
Ohne ein Wort zu sagen, sah er ihrem Spiegelbild tief in die Augen, dann legte er langsam seine starken männlichen Hände um Ingas volle, reife Brü…

Tut mir leid, ich kann das nicht. Jetzt stelle ich mir gegen meinen Willen meine Eltern vor, und das ist nun wirklich zu viel des Guten. Es geht los. Wo ist mein Kotztütchen? Ich glaube, mit der Übung habe ich es geschafft, für die nächste Zeit erotischen Geschichten abzuschwören, und dabei ist das im Moment meine Haupteinnahmequelle! Na toll, jetzt darf ich verhungern, nur

weil ich Ihnen etwas vermitteln wollte, was Sie ohnehin längst wissen sollten.
Okay, okay, tut mir leid. Es ist ja nicht Ihre Schuld. Sie müssen diese Dinge wissen, und Sie können nichts dafür, dass sie Ihnen niemand beigebracht hat.

Erzählen Sie Ihrer Tochter bitte auch nicht die Geschichte, wie sie gezeugt wurde. Ja, ja, es ist toll, dass Sie mit der ganzen Familie nach St. Croix in Urlaub gefahren sind, und Ihre Kinder wissen das auch zu schätzen, weil sie sich selbst solchen Luxus gar nicht leisten können. Aber das bedeutet nicht, dass Sie bei ein paar Piña Colada die Geschichte zum Besten geben dürfen, wie Sie beide vor sechsundzwanzig Jahren heißen Tropeninselsex hatten, aus dem schließlich Ihr heute ältestes Kind hervorging. Sie müssen auch nicht betonen, dass Ihre Tochter eine so heißblütige Persönlichkeit hat, weil sie in einem ebensolchen Klima gezeugt wurde. Wenn Ihre Tochter Ihnen heißblütig vorkommt, dann liegt es nur daran, dass sie sie laut schreiend anfleht, endlich das Thema zu wechseln.
Abschließend möchte ich zusammenfassen, dass Sie bitte niemals Worte wie „Sex“, „Geschlechtsverkehr“, „Geschlechtsorgane“ und Ähnliches in den Mund nehmen, nicht einmal in Sätzen wie „Die Amöbe besitzt keine Geschlechtsorgane“ oder „Großmutter hatte schon seit vierzig Jahren keinen Sex mehr“ oder ... o nein! O Gott! Entschuldigen Sie mich bitte, ich muss schnell nach meinem Kotztütchen greif... oh ... zu spät.

Filme, die Sie sich wegen peinlicher oder freizügiger Sexszenen besser nicht mit Ihren Kindern ansehen sollten, weil die Szenen sich völlig unbemerkt anschleichen und Ihnen gar nicht klar war, dass diese Szenen im Film sind, weil niemand davon gesprochen hat, als man Ihnen einen ansonsten guten Film empfahl, den Sie sich trotz allem ansehen sollten, nur nicht zusammen mit Ihrem Kind.

LOVE AND BASKETBALL – ALLES IST ERLAUBT
(Sex mit dem Nachbarn)

DIE THOMAS CROWN AFFÄRE
(detaillierter Ältere-Leute-Sex)

HEATHERS
(unbehaglicher Unter-freiem-Himmel-Highschoolsex)

COUCHGEFLÜSTER
(Uma-Thurman-mit-viel-jüngerem-Mann-Sex, und das in mehreren Szenen. Uma Thurman ist aber in diesem Film absolut charmant, deshalb sollten Sie ihn sich ansehen – aber: nicht zusammen mit Ihrem Kind!)

Eine Liste von Filmen, die Sie sich mit Ihrem Kind ansehen können und die absolut keine überraschenden Sexszenen enthalten

BAMBI

ALLE MÖRDER SIND SCHON DA

Das war's. Mehr gibt's nicht.

Etwas für die Kinder

Sex im Elternhaus

Hey, Kids! Danke, dass ihr dieses Buch lest. Es ist wirklich toll, dass ihr euch die Zeit nehmt, um etwas zu lesen, was für eure Eltern gedacht ist. Außer natürlich, ihr seid so bekifft, dass ihr gar nicht merkt, was ihr da eigentlich lest. Aber wenn ihr das nicht seid – na, war das nicht beeindruckend, wie ich das letzte Kapitel geschrieben habe? Das zum Thema Sex, meine ich. Seid ihr mir nicht dankbar? Das solltet ihr aber verdammt noch mal sein. Allerdings ist es nicht nur so, dass ihr eure Eltern nicht beim Sex sehen oder hören oder sonst wie wahrnehmen wollt, das Ganze läuft auch umgekehrt. Wenn ihr euren Freund/eure Freundin übers Wochenende mit zu euren Eltern bringt und die euch erlauben, im gleichen Zimmer zu schlafen, dann müsst ihr auch Regeln beachten und das Anstandsempfinden eurer Eltern respektieren, das in den Fünfzigerjahren kultiviert wurde, als es noch einer Katastrophe gleichkam, wenn man den unbedeckten Knöchel einer Frau zu sehen bekam. Grundsätzlich solltet ihr euch merken, dass ihr es mit dem Sex so halten müsst wie eure Eltern, die in den Fünfzigerjahren aufwuchsen, was wiederum bedeutet, dass deren eigene Standards sich an denen ihrer eigenen Eltern orientieren, die wiederum in den Dreißigerjahren aufwuchsen. Weiter als bis zu dieser Zeit lässt sich diese Theorie allerdings nicht zurückverfolgen, weil Sex erst im Jahr 1928 erfunden wurde, nachdem wegen zu lascher Jagdgesetze die Klapperstörche ausgestorben waren, die bis dahin die Babys geliefert hatten. Wenn ihr also im Haus eurer Eltern mit eurem Freund/eurer Freundin schlafen wollt, dann müsst ihr euch an den sogenannten Hays Code halten, einen Verhaltenskodex aus dem Jahr 1930, der von den amerikanischen Filmproduzenten und -verleihern ins Leben gerufen wurde, damit bei Filmen auf Sexszenen verzichtet wurde und die Moral insgesamt gewahrt blieb. Nachfolgend habe ich den maßgeblichen Teil des Hays Code abgedruckt, nicht aber die Stellen, die sich mit Rassismus und Pädophilie beschäftigen, da ich davon ausgehe, dass ihr weder zu den Rassisten noch zu den Pädophilen zählt.

Abschnitt II des Hays Code liest sich wie folgt:

Die Heiligkeit der Institutionen Ehe und Heim soll gewahrt bleiben. Die Bilder sollen nicht den Eindruck vermitteln, dass niedere sexuelle Beziehungen akzeptiert werden oder der Normalfall sind.

1. Ehebruch, der manchmal ein notwendiges Handlungselement darstellt, darf nicht offen angesprochen oder gerechtfertigt oder in einer nachahmenswerten Form präsentiert werden.
2. Leidenschaftliche Szenen
   a) Sie sollten nicht gezeigt werden, wenn sie für den Plot nicht unverzichtbar sind.
   b) Übertriebene oder lustvolle Küsse, lustvolle Umarmung, zweideutige Posen oder Gesten dürfen nicht gezeigt werden.

   c) Allgemein soll Leidenschaft so behandelt werden, dass diese Szenen keine niederen Instinkte wecken.
3. Verführung oder Vergewaltigung
   a) Sie sollen allenfalls angedeutet werden, und das auch nur, wenn sie für den Plot unverzichtbar sind. Selbst dann dürfen sie niemals im Detail gezeigt werden.
   b) Sie sind niemals das angemessene Thema für eine Komödie.
4. Sexuelle Perversionen und jede Anspielung darauf sind verboten.
5. Weiße Sklaverei ist kein Thema.
6. Sexuelle Hygiene und Geschlechtskrankheiten eignen sich nicht als Themen für einen Kinofilm.
7. Geburten sind niemals im Bild zu zeigen, auch nicht als Silhouette.

Da habt ihr's schwarz auf weiß, alles genauestens erklärt. Wenn ihr auch nur mit dem Gedanken gespielt habt, euch in weißer Sklaverei zu ergehen oder leidenschaftliche Szenen darzustellen, die für den Plot im Haus eurer Eltern nicht unverzichtbar sind, dann könnt ihr das gleich wieder vergessen. Und falls ihr noch einen deutlicheren Hinweis braucht, damit ihr wisst, wie ihr euch zu benehmen habt, dann klebt an die Decke über eurem Bett die Warnung des FBI, die eine empfindliche Geld- und sogar Gefängnisstrafe androht, falls ihr gegen den Hays Code verstoßt.

Eltern zu Besuch

Wundervolle 48 Stunden…
… und keine Minute länger.

Meine Mom kam für ein Wochenende mit ihrem Freund nach New York, als ich nicht in der Stadt war, und fragte mich, ob sie in meinem Apartment übernachten könnten. Ich war einverstanden, aber erst dann wurde mir klar, dass sie in meinem Bett schlafen und sich möglicherweise sogar gegenseitig anfassen würden. Nachdem mehrere kalte Duschen mich von diesem Bild vor meinem geistigen Auge befreit hatten, stimmte ich unter der Bedingung zu, dass sie mir ein neues Bett kauften, weil ich das andere nach ihrem Besuch verbrennen müsse. *„S.W."*

Wenn Sie ein absolut sorgenfreies Kind haben, das irgendwie einen Uni-Abschluss gemacht und einen Job gefunden hat, der ihm genug Geld einbringt, um alle laufenden Ausgaben zu bezahlen, dann haben Sie wirklich unverschämtes Glück. Ich habe beim besten Willen keine Ahnung, wie Sie einen so lebensfähigen Menschen großgezogen haben. Selbst wenn Ihr Kind dazu neigt, nach streunenden Hunden zu treten, oder wenn es lachende Babys nicht ausstehen kann, ist ein junger Mensch zu bewundern, der in diesem Alter allein für seinen Lebensunterhalt aufkommt. So jemand ist ein besserer Mensch als Sie und ich. Na ja, in erster Linie besser als Sie. Sehen Sie mich an, ich schreibe wenigstens ein informatives und ganz sicher sehr, sehr erfolgreiches Buch! Zugegeben, Sie haben in Ihrem Leben sicher auch viel geleistet, und das schon ab Ihrem dreizehnten Lebensjahr, weil Ihre alleinerziehende Mutter Sie und Ihre fünf Geschwister nicht über die Runden bringen konnte, weshalb Sie als das älteste Kind zum Einkommen beitrugen, indem Sie in die Großstadt zogen, um dort Ihren Traum von einer Filmkarriere zu verwirklichen, letztlich aber als Übergrößenmodel für eine störrische Näherin arbeiten mussten, von der Sie viel zu schlecht bezahlt wurden. Aber wie ich ja einleitend bereits erklärt hatte, ist durch die Fortschritte in der Zeitanhaltetechnologie aus der Achtundzwanzig die neue Einundzwanzig geworden, und von Ihrem Kind können Sie nicht erwarten, dass es die gleichen Opfer bringt wie Sie, vor allem da heute selbst die Übergrößenmodels bereits bedenklich untergewichtig sind.

Wenn Sie Ihre finanziell unabhängige Tochter besuchen, müssen Sie unbedingt eines bedenken: Auch wenn Ihre Tochter ausgesprochen erfolgreich und für den Rest des Lebens nie mehr auf fremde Hilfe angewiesen ist, müssen Sie sie trotzdem bei Ihrem Besuch so behandeln, als hätte sie keinen Cent in der Tasche. Nein, nein, Sie sollen nicht so tun, als sei Ihre Tochter unsichtbar, so wie Sie es mit einem Bettler auf der Straße machen, der von Ihnen einen Euro haben will, während Sie Ihr Verhalten damit rechtfertigen, dass Betteln sowieso verboten ist und dass Sie ohnehin für wohltätige Zwecke spenden, damit Leuten wie diesem Bettler geholfen wird und Sie sich diesen unangenehmen direkten Kontakt ersparen können. Nein, während Ihres gesamten Aufenthalts soll Ihre Tochter sich nicht ein einziges Mal dazu veranlasst fühlen, nach ihrem Portemonnaie zu greifen, außer sie macht das, um ihren alten Studentenausweis zu zeigen, damit Sie verbilligt ins Museum kommen. Keine Sorge, das hat nichts mit falschem Geiz zu tun, denn Museen haben heutzutage hohe Eintrittspreise. Vor allem das neue MOMA in New York! Zwanzig Dollar für eine Eintrittskarte! Kann man das fassen? Ich meine, jeder bessere Bildschirmschoner bietet einem Van Goghs *Die Sternennacht* umsonst!

Es wird von Ihnen erwartet, dass Sie während Ihres Aufenthalts mindestens zwei Restaurantbesuche spendieren,[1] vorzugsweise zum Abendessen, aber Mittagessen oder Brunch ist auch noch vertretbar. Gar nicht zur Diskussion steht das Frühstück, weil von Ihrer Tochter nicht erwartet werden kann, dass sie sich vor elf Uhr am Morgen mit Ihnen beschäftigen muss. Außer natürlich Sie spendieren eins von diesen schweineteuren Omeletts in einem von diesen schweineteuren Restaurants, aber das ist rausgeschmissenes Geld, und da hätten Sie die Scheinchen gleich Ihrer Tochter geben können, die davon mehr hat als von einem schweineteuren Omelett. Die Mahlzeiten sollten in Restaurants eingenommen werden, die Ihre Tochter ausgewählt hat. Sie kennt sich besser aus, weil sie da lebt – auch wenn Sie in den Siebzigern oder den frühen Achtzigern selbst dort gelebt haben.

[1] *Diese Zahl basiert auf der Annahme, dass Sie nicht länger als zwei Tage zu Besuch sind. Zwar lautet die Faustregel: eine Mahlzeit pro Tag (also bei einem eintägigen Besuch ein Restaurantbesuch), aber da Ihr Besuch zwei Tage ohnehin nicht überschreiten sollte, ergeben sich zwei Restaurantbesuche pro Besuch.*

Das mag sich cool anhören, und garantiert haben Sie damals auch viele Musiker in kleinen Clubs spielen sehen, bevor die so richtig populär wurden, aber das ist lange her, und seitdem hat sich viel verändert. Zum Beispiel sind diese Musiker inzwischen steinalt (oder sogar schon tot) und verlangen viel zu hohe Eintrittspreise für ihre Auftritte in viel zu großen Hallen oder Stadien (und falls sie tot sind, kassieren ihre Coverbands jetzt das dicke Geld), und im gemütlichen Imbiss auf der Ecke hat eine Designermodekette eine Filiale eröffnet.

Wenn Sie zu Besuch sind, dann wäre es auch schön, wenn Sie ein paar von den Freunden und Freundinnen Ihrer Tochter kennenlernen und sie ebenfalls zum Essen einladen würden. Bei der Begegnung mit dem Freundeskreis können Sie mühelos feststellen, welchen Platz in dieser in sich geschlossenen Hierarchie Ihr Kind einnimmt. Es gibt ja meist die witzige Freundin, die obligatorische dicke Freundin (die womöglich mit der witzigen Freundin deckungsgleich ist), die kluge Freundin, die gut aussehende Freundin und die Freundin, die gern ein Gläschen zu viel trinkt. Gehen wir einmal davon aus, dass Sie mit Ihrer Tochter und drei Freundinnen essen gehen. Eine von ihnen ist beleibt und gesellig, eine andere ist von der ruhigen Sorte, ist höflich und scharfsinnig, die dritte betrinkt sich einfach nur und verhält sich Ihnen gegenüber viel zu schnell wie eine alte Freundin. Aber Sie erkennen, dass es eine lustige Gruppe ist. Ableiten können Sie daraus, dass Ihre Tochter in der Gruppe die gut aussehende Freundin ist. Auch wenn sie vielleicht nicht die scharfsinnige oder die witzige Freundin ist, müssen Sie sich also nicht sorgen, denn Ihre Tochter wird wahrscheinlich ihre große Liebe finden, weil sie so verdammt gut aussieht. Es besteht eine (winzige) Chance, dass auf Ihre Tochter keines dieser Klischees zutrifft, aber im Geist können Sie sich das ja ruhig zurechtlegen, sodass Ihnen alle weiteren Annahmen umso leichter fallen werden.

Ein nettes Geschenk für die (neue) Wohnung ist eine gute Idee, vor allem wenn das Geschenk so viel besagt wie „Danke, dass du deine Miete selbst zahlst". Ein Scheck in Höhe einer Monatsmiete wäre zum Beispiel ein solches Geschenk. Denken Sie dran: Egal, wie viel Geld Ihr Nachwuchs verdient, ob er vermögend ist oder so eben über die Runden kommt, Geld ist immer ein willkommenes Geschenk. Wenn Ihre Tochter sich als Serviererin krummlegt, kann sie das Geld für wichtige Anschaffungen verwenden, auf die sie ansonsten verzichten müsste – beispielsweise edler Dijon-Senf –, und wenn Ihr Sohn ein stinkreicher Banker ist, kann er sich aus den Scheinen einen Joint drehen oder einen Schein nehmen, ein Streichholz daranhalten und sich dann eine dicke Zigarre damit anzünden. Aber keine Sorge, ich glaube nicht, dass Ihr Sohn Ihr Geld benutzen würde, um sich einen Joint zu drehen. Wenn er schon so rücksichtsvoll ist, seine Rechnungen selbst zu bezahlen, dann wird er Ihr Geld nicht in Rauch aufgehen lassen. Trotzdem sollten Sie lieber Bargeld anstelle eines Schecks schenken, denn mit einem Scheck kann man nur einmal eine Zigarre anzünden, außerdem wirkt ein fader Scheck nicht so schick wie ein farbenfroher Zwanziger oder Fünfziger. Die logische Folge ist also offensichtlich, dass der Scheck eine Art Symbol dafür sein könnte, wie wenig Ihre finanzielle Unterstützung noch erforder-

lich ist. In diesem Fall wäre es eine schöne Geste, wenn Ihr Kind den Scheck nehmen und sich damit eine Zigarre anzünden würde, um damit auszusagen: „Ich brauche von meinen Eltern kein Geld mehr." Ihr Kind wird mit Sicherheit auf diesem symbolischen Scheck bestehen, also lassen Sie ihn am besten sofort sperren.

Streng verboten ist es, bei Ihrer Tochter zu übernachten. Selbst wenn sie in einer 200 Quadratmeter großen Wohnung mit drei Schlafzimmern oder einer Villa mit achtzig Zimmern lebt, Ihr Quartier ist für die Dauer Ihres Aufenthalts prinzipiell ein Hotel oder eine Pension in der Nähe. Falls Ihre Tochter in einem kleinen Apartment wohnt, kommen Sie gar nicht erst auf die Idee, dort zu übernachten. Und wenn sie sich die Wohnung mit einer Mitbewohnerin teilt, dann ... sagen Sie bloß, das muss ich jetzt noch weiter ausführen! Es ist ja schlimm genug für Ihre Tochter, sich das Wohnzimmer mit jemandem zu teilen, vom Badezimmer ganz zu schweigen. Wer möchte schon, dass Sie aus der Dusche kommen, während sich die Mitbewohnerin (oder womöglich jemand, den Sie kennen) gerade die Zähne putzt? In einer von diesen unsäglichen Sitcoms mag das ja lustig wirken, aber nicht in der Realität.

Wenn Ihre Tochter auf Reisen ist und Sie sind gerade in der Stadt, um sich eine Oper oder ein Musical anzusehen, dann fragen Sie nicht, ob Sie ihr Apartment benutzen dürfen. Der Gedanke, dass Sie und Ihr Partner – oder (weil Sie frisch geschieden sind) schlimmer noch: Ihr neuer Lebensgefährte – im Bett Ihrer Tochter schlafen oder das Unaussprechliche machen, wird für sie so abscheulich sein, dass sie womöglich ihre Reise komplett absagt. Dabei hätte sie auf dieser Reise einen reichen Unternehmer kennenlernen können, der zu dem Schluss kommt, dass Ihre Tochter Schneid hat, und der – wie exzentrische Reiche das so an sich haben – sie sofort zu seinem neuen Protegé und zur Alleinerbin seines Vermögens macht, weil sie das Kind ist, das er nie hatte. Hätte Ihre Tochter dieses Vermögen geerbt, dann wären Ihnen alle weiteren Geldsorgen erspart geblieben. Zugegeben, Geld ist nicht die wichtigste Sache der Welt, aber man kann damit schon verdammt glücklich werden.

Wenn Sie etwas zur Miete Ihrer Tochter beisteuern, bitten Sie nicht im Gegenzug um den Zweitschlüssel zur Wohnung. In erster Linie sollen Sie sich damit die peinliche Situation ersparen, in einem verfänglichen Moment in ihre Wohnung zu kommen, was Sie seit dem Vorfall von '94 sicher vermeiden wollen. Es ist nicht nötig, da ins Detail zu gehen. Sie erinnern sich daran, Ihre Tochter ebenfalls, und Ihr Hund weigert sich seitdem, sich mit Ihnen beiden gleichzeitig in einem Raum aufzuhalten. Allein die Erinnerung daran, wie Sie praktisch aus dem Nichts kommend in der Tür gestanden haben, führt heute noch bei Ihrer Tochter zu leichten Schweißausbrüchen, sobald an der Tür geklopft wird. Sie sieht überall Ihr Gesicht, aber wenn sie den Kopf schüttelt und sich einen Moment lang die Augen zuhält, dann sind Sie wieder verschwunden. Sie wird sich fragen, ob Sie tatsächlich dort waren, aber schließlich wird sie zu der Ansicht gelangen, dass Sie sie verfolgen. Als Folge davon erleidet Ihre Tochter einen Nervenzusammenbruch, weil sie daneben noch mit der Tatsache klarkommen muss, dass ihr dieser unbekannte Mann folgt, der anstelle einer Hand einen Haken trägt, obwohl sie diesen Mann letzten Sommer unter Alkoholeinfluss bei einer Spritztour mit ein paar Freunden überfahren und seinen Leichnam von einer Klippe ins Meer geworfen hatte, woraufhin sie sich gegenseitig schworen, niemals wieder über diesen Zwischenfall zu reden. Sie sehen also, dass Ihre Tochter momentan einiges um die Ohren hat, und das Letzte, womit sie sich jetzt gerade befassen möchte, ist der Zweitschlüssel für ihre Wohnung.

Falls Ihre Tochter Sie in ihrer Wohnung übernachten lässt, liegt es in Ihrer Verantwortung, diesem Angebot mit dem größten Respekt zu begegnen – insbesondere mit Blick darauf, dass Sie im Bett Ihrer Tochter nicht mal an Sex denken dürfen, von irgendwelchen Berührungen Ihres Ehepartners/Lebensgefährten ganz zu schweigen. Außerdem müssen Sie einen Ganzkörper-Flanellschlafanzug sowie einen Schutzanzug tragen, und nach dem Aufstehen sind sofort die Bettlaken zu verbrennen. In den Sommermonaten kann anstelle eines Flanellschlafanzugs ein Seidenschlafanzug verwendet werden.

Aber ganz ehrlich, Ihre Tochter freut sich, Sie zu sehen. Die meiste Zeit über ist Ihre Beziehung nun die zwischen gleichgesinnten Erwachsenen, die ein freundschaftliches Verhältnis pflegen, nicht die zwischen Eltern und launischem Kind. Diese Fassade wird aber wie von Zauberhand verschwinden, sobald die achtundvierzigste Stunde Ihres Besuchs abgelaufen ist. Verbringen Sie also gemeinsam etwas Zeit, haben Sie Ihren Spaß, und gehen Sie dann wieder getrennte Wege.

Fragebogen für Zwischendurch

Wollen wir doch einmal überprüfen, ob Sie diesem Buch bislang folgen konnten.

1. Haben Sie das Konzept „Achtundzwanzig ist die neue Einundzwanzig“ richtig und vollständig erfasst?

2. Sind Sie in der Lage, den Unterschied zwischen dem arbeitslosen kreativen Kind und dem arbeitslosen unkreativen Kind zu erklären, bevor der von Ihrem Sohn herbeigerufene Sozialarbeiter wutentbrannt davonstürmt, nachdem er dessen wahres Alter erfahren hat?

3. Können Sie den Unterschied zwischen den geometrischen Lehrsätzen von Seite-Winkel-Seite (SWS) gegenüber Winkel-Seite-Winkel (WSW) oder Seite-Winkel-Winkel (SWW) gegenüber Seite-Seite-Seite (SSS) erklären?

4. Haben Sie alle Spielregeln der Trinkspiele auswendig gelernt? Und haben Sie sie gleich wieder aus Ihrem Gedächtnis verbannt, weil Sie an diesen Spielen ja gar nicht teilnehmen werden? Ja? Ja?

5. Verfügen Sie über die notwendigen finanziellen Mittel, um Ihrem „20+“-Kind ein Pony zu kaufen und für die laufenden Kosten aufzukommen?

6. Ist die Sache mit dem Sex klar? Nein, antworten Sie gar nicht darauf. Und denken Sie nicht darüber nach. Blinzeln Sie nur zweimal, wenn Sie alles verstanden haben.

Wetteifern unter Geschwistern

Ein Kind ist vermutlich begabter als das andere

Meine Zwillingsschwester hat während einer Berufsberatung in der Schule den Leuten erzählt, ihre Zwillingsschwester (also ich) sei geistig zurückgeblieben. Als ich dann an der Reihe war, verhielten sie sich mir gegenüber unglaublich freundlich, aber den Grund dafür fand ich erst später heraus. *„W., S.W."*

Sollten Sie mehr als ein Kind haben, dann wissen Sie, wie Geschwister untereinander wetteifern. Zwar werden Sie nicht das sprichwörtliche Kind beim Namen nennen, aber eines der Kinder ist immer begabter und hübscher als die anderen. Wenn Sie Zwillinge haben, wird das besonders deutlich. Ist das nicht verrückt? Die beiden sind absolut identisch, und doch sieht eines der Kinder hübscher aus als das andere. Oh, Mutter Natur, du gnadenloses Miststück!

Wetteifern unter Geschwistern endet nicht in dem Moment, in dem die Kinder das Haus verlassen. Nein, sogar ganz im Gegenteil – dann wird es nur noch schlimmer. Sie als Eltern müssen alles versuchen, um dieses Wetteifern zu unterbinden. Ich bin mir sicher, dass Sie Ihr Bestes gegeben haben, aber manchmal ist selbst das nicht genug.

Als Ihre Kinder noch jünger waren, hielten Sie sie dazu an, sich für grundlegend verschiedene Berufe zu interessieren, damit sie ihr Leben nicht so direkt vergleichen konnten. Angenommen, Sie beobachten Ihre zwei Söhne beim Räuber-und-Gendarm-Spiel um herauszufinden, ob einer der beiden eine besondere Begabung in der Rolle des Gesetzeshüters zeigt. Dann können Sie mithilfe einiger Tests feststellen, welcher von beiden sich dem Gesetz enger verbunden fühlt.

Natürlich sind Fünf- oder Sechsjährige noch nicht darin bewandert, einen Angeklagten vor Gericht zu verteidigen oder einen Zeugen zu befragen. Also halten Sie diese Tests ganz einfach, indem Sie zum Beispiel beiden einen Hammer hinlegen und feststellen, welcher von den zweien überzeugender mit dem Hammer auf den Tisch schlägt, um für Ruhe im Saal zu sorgen. Oder Sie stecken die beiden in winzige Maßanzüge und urteilen danach, wer von ihnen darin besser aussieht. Haben Sie auf diese Weise erst einmal entschieden, welcher Sohn sich eher für ein Jurastudium eignet, dann wäre es das Beste, dem anderen Kind eine Karriere als Krimineller ans Herz zu legen, denn größer könnte der Gegensatz kaum sein, und ein ungesunder Vergleich zwischen beiden müsste auf diese Weise ein Ding der Unmöglichkeit sein. Haben Sie gedacht. Ha! Von wegen. Wir spulen ein paar Jahrzehnte vor, und da ist Ihr Sohn, der Staatsanwalt, seinem Bruder, dem Schwerverbrecher, dicht auf den Fersen, ohne aber zu wissen, dass es sich um seinen Bruder handelt: Die beiden haben seit fünfzehn Jahren kein Wort mehr miteinander gesprochen, weil der Staatsanwalt-Sohn sich vor langer Zeit vom Schwerverbrecher-Sohn distanziert und der Schwerverbrecher-

Sohn sich einen neuen Namen zugelegt hat. Als sie sich bei einer Razzia schließlich gegenüberstehen, obwohl das FBI immer wieder beteuert hatte, alles im Griff zu haben, sind beide schockiert und entsetzt. So wird dem einen in dem Moment klar, dass sein Gegenüber – der Staatsanwalt, den umzubringen er geschworen hatte – sein eigener Bruder ist, und dem anderen wird klar, dass sein Gegenüber – der Schwerverbrecher, den hinter Gitter zu bringen er geschworen hatte – wiederum der eigene Bruder ist. Sehen Sie, was Sie da angerichtet haben? Beide sind gezwungen, ihren Job an den Nagel zu hängen, da ihr jeweiliges Umfeld jegliches Vertrauen in sie verloren hat. Immerhin hat jeder von ihnen mit dem anderen unter einer Decke gesteckt, wenn auch vor langer, langer Zeit, als sie beide noch Säuglinge waren.

Vielleicht kommen Sie aber auch auf eine andere Idee, da Sie gemerkt haben, dass ein Wetteifern unter Geschwistern für Sie selbst ein Stück Ruhe bedeutet, da die beiden sich gegenseitig zu überbieten versuchen. Vielleicht haben Sie ja auch beide Kinder zu einem Jurastudium und einer anschließenden Anwaltskarriere ermutigt und demjenigen Reisen nach Griechenland oder erlesenen französischen Käse versprochen, der den besseren Abschluss macht und der die bessere Universität besucht. Diese unverhohlene Bestechung führt letztlich aber dazu, dass die beiden sich nach allen Regeln der Kunst gegenseitig betrügen, außerdem zu ihrem Ausschluss aus der Gesellschaft der USA, weil sie sich nur noch in Griechenland zu Hause fühlen, und zu einer ungesunden Begeisterung für französischen Käse, die früher oder später zu Arterienverkalkung führen wird.

Was Sie aus diesen Zeilen lernen sollen, ist die Erkenntnis, dass Sie Geschwister ruhig wetteifern lassen können und Sie sich nicht einmischen dürfen. Natürlich können Sie dazwischengehen, wenn die beiden sich mit Fäusten traktieren, aber dabei sollte es auch schon bleiben, weil es der Wettbewerb ist, der uns hilft, besser zu werden. Ich wünschte, mein Bruder würde genauso ein Buch schreiben wie ich, weil meines dann das Lustigere wäre. Aber das macht er nicht, und Sie müssen darunter leiden. Tut mir leid, dass mein Bruder so ein Versager ist und im Gefängnis sitzt. Hast du gehört, John? Schreib ein Buch, damit mein Buch besser dasteht! Du hast im Knast doch Zeit genug dafür. Mom, Dad, haltet euch bitte raus!

Offene Worte aus dem geschlossenen Vollzug

John Walker antwortet

Tja, Sarah, tut mir leid, dass ich an sechs bis acht Jahren Gefängnisstrafe für den Diebstahl eines Golfbuggys nichts Lustiges finden kann. Ja, ich sitze diese alberne Strafe in der Gesellschaft von Drogendealern und Mördern ab, weil ich volltrunken den Golfbuggy meines Nachbarn gestohlen habe und dafür zum dritten Mal in meinem Leben verhaftet wurde.

Vor sieben Jahren erwischte man mich, als ich einen *Star-Wars-Episode-1*-Pappaufsteller von Ewan McGregor als Obi-Wan bei Kentucky Fried Chicken mitgehen ließ. Vor vier Jahren schnappte man mich dann, als ich im Park neben meinem Haus ein gestohlenes exotisches Äffchen kaufte. Und vor drei Monaten ließ ich mich verleiten – von Sarah, nur damit das klar ist –, meinen (legal erworbenen) Obi-Wan-Umhang anzuziehen, den Golfbuggy meines Nachbarn zu entwenden und eine Spritztour durch Santa Monica zu unternehmen, bis die Fahrt in einem Hühnerstall endete, wie man das in jeder zweiten Filmkomödie zu sehen bekommt. Hatte ich schon erwähnt, dass Sarah meine Beifahrerin war, die auf mich aufpassen sollte, und dass niemand sie festnahm? Kein Wunder, sie lief ja auch weg und ließ mich, ihren einzigen Bruder, schmählich im Stich, während ich versuchte, meinen Umhang auszuziehen, weil der sich um die Achse des

Golfbuggys gewickelt hatte. Das Ergebnis dieser Bemühungen war, dass ich schließlich nackt im Hühnerstall stand, als die Polizisten mir Handschellen anlegten. Das war dann mein dritter Streich, nach dem man mich hierher nach Chino ins Staatsgefängnis brachte. Es ist nicht so, als könnte Sarah was dafür. Ich gebe ihr nur einfach die Schuld an diesem Elend. Ich schätze, den Eltern, die dieses Buch lesen, will ich damit sagen, dass sie getan haben, was sie konnten. Es ist eine reine Glückssache. Mit anderen Worten: Ich bin der Pechvogel, und Sarah baut ständig Mist, wird aber nie erwischt. Wer könnte schon den Vorfall vergessen, wie sie am helllichten Tag vor den Augen eines Wachmanns Schuleigentum mit der Sprühdose traktierte? Danach wurde sie auch noch gebeten, auf der Abschlussfeier die Rede zu halten. Sie können nur beten und hoffen, dass Ihr Kind so viel Glück hat wie Sarah, aber nicht so wie ich die Polizei magnetisch anzieht. Oder Sie können darauf hoffen, dass das eine Kind klug genug ist, sich aus dem Staub zu machen, wenn es brenzlig wird. Auf diese Weise wird zumindest dieses Kind nicht von der Polizei geschnappt.

Manche Leute sagen, dass die eigene Entwicklung eine Frage von Veranlagung und Erziehung ist, aber dem widerspreche ich. Es hängt alles davon ab, wann man endlich aufhört, sich von seiner Schwester zu irgendwelchem Mist verleiten zu lassen, den man für absolut großartig hält, wenn man betrunken ist. Oder wann man den Scotch wegstellt und sagt: „Halt die Klappe, Sarah. Ich werde so einen Blödsinn nicht machen.“ Ich wage zu behaupten, dass es mir nicht geholfen hat, von meinen Eltern nach einer Scotchmarke benannt zu werden. Ich werde aber nicht behaupten, dass allein mein Name meine Neigung zur Sucht und meine Vorliebe für Alkohol hervorgerufen hat, aber *dagegen* gewirkt haben kann der Name auch nicht. Wäre mein Name nicht Johnny Walker, dann hätte ich vermutlich nicht fünf Stunden lang Scotch getrunken, bevor es zum Golfbuggy-Zwischenfall kam, und ich wäre jetzt ein aktives Mitglied der Gesellschaft. Aber ich schätze, das werde ich wohl nie herausfinden.

Familientreffen

Geteilte Freude, doppeltes Leid

Als ich letztes Jahr unser Familientreffen besuchte, unterhielt ich mich lange mit meinem Cousin, der erst kurz zuvor aus dem Gefängnis entlassen worden war. Er demonstrierte mir, wie er durch Tai-Chi die Kunst des Meditierens erlernt hatte, und dann fing er mit bloßen Händen eine Motte. Und dann aß er die Motte. Und dann fuhr ich zurück nach Hause.

„S. Winston Walker"

So etwa alle fünf Jahre steht an einem verlängerten Wochenende traditionell ein Zusammentreffen der gesamten Familie mit all ihrem Anhang auf dem Plan. Von der Idee her klingt das ganz gut, aber in der Praxis besitzt so ein Treffen das Potenzial, ganz gehörig in die Hose zu gehen. Das Familientreffen findet aus gutem Grund alle fünf Jahre statt, es ist sozusagen eine Art Familienolympiade. Allerdings finden Olympische Spiele alle vier Jahre statt, weshalb der Vergleich ein bisschen hinkt. Wissen Sie was? Vergessen Sie einfach diesen Vergleich. Worum es mir geht, ist Folgendes: Sie arbeiten jahrelang auf den Punkt hin, an dem Sie sich in Ihrer Bestform präsentieren können, und wenn Sie dann diese scharfe Cousine zweiten Grades sehen (auch wenn Sie mit ihr *niemals* etwas anfangen würden), können Sie den

anderen ernsthaft weismachen, dass es viel schlimmer wäre, statt mit der Cousine zweiten Grades mit einer Cousine ersten Grades rumzumachen.
Als Ihre Kinder noch jünger waren, da waren Familientreffen noch eine tolle Sache, weil Ihre Kleinen die Gelegenheit bekamen, ihre Cousins und Cousinen besser kennenzulernen, unter anderem auch diese Cousine zweiten Grades, in die Ihr Sohn später völlig verschossen sein würde, auch wenn das ganz und gar unangebracht war. Damals war das alles noch nett und freundlich und ohne Hintergedanken. Jetzt sind alle älter, aber noch nicht alt genug für eigene Kinder, und alle Cousins und Cousinen sind sich untereinander gut Freund und alt genug, um Alkohol zu trinken. Mein Gott, was sind einige von den Leuten blau. Vor allem Oma! Aber das ist okay. Ja, ich weiß. Ich habe gerade gesagt, es ist okay, wenn man sich in Gegenwart anderer Familienmitglieder betrinkt. Ich weiß, dass das allem widerspricht, was ich zuvor von mir gegeben habe. Aber – und jetzt hören Sie mir bitte ganz genau zu – Familientreffen bedeuten so große Menschenansammlungen und so viel Stress, dass es verkehrt wäre, nüchtern zu bleiben. Außer Sie sind Alkoholiker. Dann sollten Sie natürlich nicht mal einen Schluck Alkohol trinken. Aber abgesehen davon macht Alkohol dieses Ereignis erst erträglich. Wären Sie nüchtern, dann könnten Sie vermutlich nicht darüber lachen, wenn Ihr vierundachtzig Jahre alter Cousin zweiten Grades sich an Ihre vierundzwanzigjährige Tochter heranmacht. Dank Alkohol jedoch finden Sie ihn ganz amüsant. Das erinnert Sie an das eine Mal, als Sie selbst vierundzwanzig waren und sich der gleiche Cousin an Sie heranmachte, nur dass

er damals vierundfünfzig war. Dabei stellen Sie fest, dass Sie sich nicht entscheiden können, ob Ihr Cousin Ihnen mit vierundfünfzig unheimlicher war als mit vierundachtzig. Ist auch egal. In jedem Fall regen sich bei Ihnen nostalgische Gefühle, weil Ihnen bewusst wird, wie schnell Ihr kleines Mädchen doch erwachsen geworden ist. Ihre Tochter dagegen kann dem Ganzen weder etwas Amüsantes noch etwas Nostalgisches abgewinnen. Aber wenn ihr Cousin sieht, wie sich ihr Großonkel an Ihre Tochter heranmacht, wird er vielleicht eifersüchtig, also wird sie selbst reagieren müssen.

Als gute Eltern müssen Sie sich vor Augen halten, dass Sie in derartigen Situationen nicht für Ihre Kinder verantwortlich sind. Ihre Kinder dürfen sich mit den Fragen von Tanten, Onkels, Großtanten, Großonkels und Co. herumschlagen, die alle wissen wollen, was sie denn so tun oder nicht tun. Für Sie ist das eine tolle Sache, weil Sie nicht ständig jeden auf den neuesten Stand bringen müssen, der sich nach Ihren Kindern erkundigt. Wenn Sie doch jemand fragen sollte, dann zeigen Sie einfach in die Richtung, in der die Kinder mit den Cousins und Cousinen auf dem Rasen sitzen und Pot rauchen, und widmen Sie sich in aller Ruhe wieder Ihrem Glas Margarita.

Scheidung

Diesmal haben Sie sich wirklich selbst übertroffen

Meine Eltern ließen sich ein Jahr nach meinem College-abschluss scheiden, was mich zu der Überzeugung brachte, dass sie noch immer zusammen wären, wenn ich noch eine Bildungseinrichtung besuchen würde. Also schrieb ich mich an der Online-University of Phoenix (www.universityofphoenix-online.com) ein. Meine Eltern versöhnten sich trotzdem nicht wieder, und ich muss jetzt all diese Arbeiten schreiben, um meinen Doktor im Fach „Management von weniger bekannten landwirtschaftlichen Nutztieren" machen zu können.

„S. Walker"

Hey, gut fünfzig Prozent aller Ehepaare lassen sich scheiden. Scheidung ist heutzutage etwas ganz Normales. Nachdem Sie für Ihr Kind (oder Ihre Kinder) immer da gewesen sind, als es zur Schule und auf die Uni ging, ist nun der Zeitpunkt gekommen, an dem Sie Ihre Ehe einmal kritisch unter die Lupe nehmen und zu dem Schluss gelangen: „Ach, was soll's. Mir reicht das jetzt, ich hab die Nase voll." Übrigens, wenn Sie Ihre bessere Hälfte diese Erkenntnis wissen lassen, sollten Sie es nicht mit diesen Worten machen, die ich eben benutzt habe. Wenn sich Eltern scheiden lassen, solange die Kinder noch jung sind (und mit jung meine ich auch noch Teenager), dann führt das üblicherweise zu einem erbitterten Kampf der Eltern darum, wer sich wann, wie und wo um die Kinder kümmern darf. Schön, dass Sie ihnen wenigstens das erspart haben. Dafür haben Sie ihnen jetzt den Boden unter den Füßen weggerissen, auf den sie sich hätten retten wollen, wenn ihnen erst einmal klar geworden ist, dass sie gar nicht wissen, ob sie zu einem Erwachsenendasein überhaupt schon bereit sind. Aber Sie müssen in erster Linie sich selbst gegenüber ehrlich sein, das ist das Wichtigste. Sie sollten trotzdem wissen, dass Sie dadurch Ihr Kind noch etwas mehr verkorksen als ursprünglich erwartet. Nachfolgend nun ein paar Hinweise und Tipps, wie Sie Ihrem Kind die Nachricht von Ihrer bevorstehenden Scheidung so beibringen können, dass die anschließende Rechnung des Therapeuten, die Ihr Kind Ihnen umgehend und völlig zu Recht zusenden wird, nicht allzu hoch ausfallen wird.

Wählen Sie ein belangloses Datum aus, um Ihrem Nachwuchs von der bevorstehenden Scheidung zu erzählen, und vermeiden Sie wichtige Feiertage und Geburtstage

Wie wichtig bestimmte Feiertage in Ihrer Familie sind, wissen Sie selbst am besten. Der Tag der Arbeit oder der Tag der deutschen Einheit eignen sich theoretisch als Tage, an denen Sie erstmals auf Ihre Scheidung hinweisen können, es sei denn, in Ihrer Familie werden diese Feiertage mit beinahe religiösem Eifer begangen. Vermeiden sollten Sie auf jeden Fall Feiertage wie Weihnachten oder Ostern. Wenn meine Eltern mir beispielsweise an Thanksgiving offenbart hätten, sie wollten sich scheiden lassen, dann würde ich Truthahn, Pilger, Mais und die Detroit Lions auf ewig untrennbar mit der Scheidung in Verbindung bringen. Das wäre für mich gar nicht gut, wenn ich beispielsweise an einem Promi-Quiz im Fernsehen teilnehme (was nach dem Erfolg dieses Buches ganz sicher geschehen wird) und dann eine Frage zum wichtigsten Getreide der amerikanischen Ureinwohner gestellt wird, werde ich wie erstarrt dasitzen, und anstatt mit „Mais" zu antworten, gehen mir nur Gedanken über die Scheidung meiner Eltern durch den Kopf. Ich werde das Spiel verlieren, aber die wahren Verlierer werden benachteiligte Kinder sein, da ich für einen guten Zweck an dem Quiz teilnehme.

Sie sind nicht schwul, Ihr Ehepartner ist auch nicht schwul, also erzählen Sie Ihrem Kind nicht, dass einer von Ihnen schwul sei. Es sei denn, einer von Ihnen ist tatsächlich schwul, und dagegen wäre auch nichts einzuwenden

Bei einer Scheidung kommen hässliche Dinge zur Sprache, und da kann es auch passieren, dass die Sexualität des Partners infrage gestellt wird. So was geschieht schon mal im Eifer des Gefechts, aber solche Bemerkungen sollten gegenüber Ihrem Kind nicht wiederholt werden. Wenn Sie den Wunsch verspüren, die Geschichte zum Besten zu geben, als Ihre Frau Sie für schwul hielt, weil Sie eine Szene aus *Ein Käfig voller Narren* geprobt haben, dann machen Sie das nicht, während Ihr Sohn Auto fährt. Fahren ist eine gefährliche Tätigkeit, die die volle Aufmerksamkeit des Fahrers erfordert, der seine Hände immer in der „Zehn-vor-zwei-Uhr"-Haltung am Lenkrad haben muss.

Wenn ich zum Beispiel meinem Sohn irgendwann einmal sagen muss, dass mein Ehemann mich für lesbisch hält, dann könnte ich einfach erklären: „Dein Vater meint, ich sei eine Lesbe. Ich glaube aber, dass er schwul ist." Allerdings würde ich das etwas abschwächen, damit mein Sohn nicht abrupt das Lenkrad verreißt und wir beide in dieser tiefen Schlucht landen, die ausgerechnet in diesem Augenblick gleich neben der Straße verläuft. Anstelle des Wortes „Lesbe" würde ich die hübsche griechische Insel Lesbos erwähnen, und anstelle von „schwul" würde ich „schwül" sagen. Das bedeutet zwar etwas ganz anderes, aber es klingt sehr ähnlich, und der Unterschied besteht schließlich nur in zwei kleinen Pünktchen. Beachten Sie, wie wenig traumatisierend der Satz in seiner abgeschwächten Version klingt: „Dein Vater findet, dass ich mich auf der hübschen griechischen Insel Lesbos wohlfühle, aber ich glaube, er fährt lieber irgendwohin, wo es schwül ist." Da mein Sohn danach sekundenlang verwirrt ist, greife ich ins Lenkrad und trete für ihn auf die Bremse, danach ziehe ich den Zündschlüssel ab und sage ihm, was ich eigentlich gemeint habe. Auf diese Weise bewahre ich uns beide vor dem sicheren Tod, den ein Sturz in die Schlucht nach sich gezogen hätte.

Wenn Sie nach der Scheidung eine Affäre mit Ihrem viel jüngeren Yoga-Lehrer anfangen, nehmen Sie bitte zur Kenntnis, dass das ein typisches Klischee ist

Verschiedene Studien haben ergeben, dass Yoga für Körper und Geist gesund ist ... und offenbar auch für Ihre Libido, immerhin hat es nach der Scheidung nur drei Monate gedauert, bis Sie mit

Ihrem Yoga-Lehrer angebandelt haben. Bingo! Aber ignorieren Sie dabei bitte nicht die Tatsache, dass eine Affäre mit Ihrem Yoga-Lehrer das neue Klischee für frisch geschiedene Frauen im mittleren Alter ist, etwa vergleichbar mit dem frisch geschiedenen Mann im mittleren Alter, der mit seiner Sekretärin durchbrennt. Dagegen ist wirklich nichts einzuwenden, allerdings haben Sie kein Recht, sich angegriffen zu fühlen, wenn Ihre Tochter die Augen verdreht, sobald Sie ihr von dem neuen Mann in Ihrem Leben erzählen. Sie sollten auch bedenken, dass dieser Mann auch der Yoga-Lehrer Ihrer Tochter ist, die aber nun seinen Kurs nicht mehr besuchen wird, sodass es Ihre Schuld ist, wenn Ihre Tochter nichts mehr für ihren Körper tut. Als Folge davon steigt das Risiko, dass sie nicht mehr so gelenkig sein wird wie früher und sich im Fitness-Center auf dem Stepper eher einen Muskelfaserriss zuzieht. Wegen dieser Verletzung wird sie nicht in der Lage sein, am nächsten Tag arbeiten zu gehen, weshalb sie einen Urlaubstag opfern muss, den sie eigentlich benötigen würde, um mit ihrem Liebsten ein langes Wochenende am Cape zu verbringen. Das zieht einen überflüssigen Streit nach sich, gefolgt von mehrtägigem beharrlichem Anschweigen. Wenn Sie also schon eine Affäre beginnen wollen, dann doch bitte mit einem Metzger oder einem Junkie, weil das dazu führt, dass Ihre Tochter Fleisch oder Drogen abschwören wird, was gut für ihre Gesundheit ist.

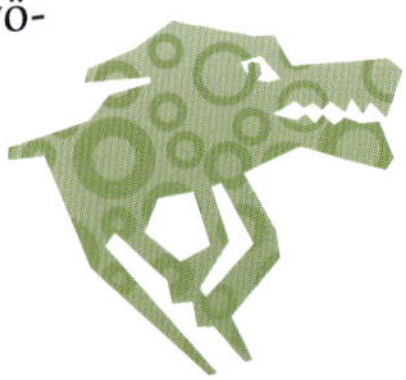

Ihr Kind glaubt nicht, dass es an der Scheidung die Schuld trägt, also gibt es auch keinen Grund, ihm das wieder und wieder zu beteuern

Wenn Sie Ihrem Sohn immer wieder beteuern, dass ihn an Ihrer Scheidung keine Schuld trifft, dann kann er das zunächst noch für die Wahrheit halten, doch mit jeder Wiederholung dieser Tatsache wird er mehr und mehr an sich zweifeln. Das ist eine Form von umgekehrter Psychologie, deren bekanntestes Beispiel sich in Mark Twains Roman *Tom Sawyer* findet, wo der unbezähmbare Tom so tut, als würde es ihm Spaß machen, einen Zaun zu streichen, und seine Freunde auf die Weise dazu bringt, nicht nur für ihn diese Arbeit zu erledigen, sondern ihn dafür auch noch zu bezahlen. Das ist ein gutes Beispiel dafür, wie man ein gutes Buch schreibt, was auch auf dieses Buch hier zutrifft, das zu schreiben eine sehr große Freude ist. Es macht so unglaublichen Spaß, dass ich diese Arbeit mit niemandem teilen möchte! Auf der ganzen Welt kann es keinen besseren Job geben als dies… wie? Na ja, ich glaube schon, dass Sie mir helfen können, wenn Sie ein paar Beispiele dafür haben, wie Ihre Eltern Sie verkorkst haben. Aber … ich weiß nicht, es ist ja eigentlich mein Bu… einen Hunderter ist Ihnen das wert? Hm, ich weiß nicht … fünf Hunderter? Na ja, wenn Sie unbedingt wollen, dann schreiben Sie mal ein bisschen weiter. Hier ist die Tastatur.

–

– ?

–

Schon fertig? Wow, das ging aber schnell. Und das ist alles, was Sie geschrieben haben? Drei Gedankenstriche? Na, vielen Dank.

Oh, Entschuldigung, drei Gedankenstriche *und ein Fragezeichen*. Nein, Ihr Geld bekommen Sie nicht zurück. Das habe ich schon ausgegeben. Wie ich so viel Geld innerhalb von fünf Minuten ausgeben kann? Natürlich in Online-Shops. So, ich muss mich jetzt wieder auf mein Buch konzentrieren. Das schreibt sich schließlich nicht von selbst.

Glauben Sie mir, Ihr Kind wird sich schon nach Ihrem seelischen Befinden erkundigen, wenn es darüber etwas wissen will

Sie müssen Ihrer Tochter nicht jeden Tag unaufgefordert beteuern, dass es Ihnen gut geht. Wenn Sie bei jeder Unterhaltung und in jedem Telefonat und jeder E-Mail das Mantra „Mir geht es gut“ wiederholen, dann wird das nach einer Weile wie eine Beschwörung klingen. Manche Beschwörungen können ganz witzig sein, zum Beispiel wenn man jemanden anfeuern will. Andere Beschwörungen dagegen sind regelrecht unheimlich. Ich denke da nur an *Indiana Jones und der Tempel des Todes*, wenn dieser indische Priester immer wieder „Kal-ii ma!“ ruft, während er einem Menschen das noch schlagende Herz aus der Brust reißt, bevor der in einem Metallkäfig in eine Lavagrube hinabgelassen wird. Sie wollen doch nicht diejenige sein, die einem anderen das Herz aus der Brust reißt. Auch wenn Ihnen diese Art von übermenschlicher Kraft gefallen sollte, ist es absolut verkehrt. Also halten Sie sich von Beschwörungen fern.

Wenn Sie durch die Scheidung ein paar Freunde verlieren, versuchen Sie nicht, das wettzumachen, indem Sie sich mit Ihrem Kind enger anfreunden

Es ist eine unerfreuliche Tatsache, dass nach der Scheidung viele Menschen, mit denen Sie und Ihre Frau befreundet waren, plötzlich nicht mehr zu Ihren Freunden zählen, sondern zu Ihrer Frau halten. Versuchen Sie aber nicht, diesen Verlust wettzumachen, indem Sie eine enge Freundschaft zu Ihrem Sohn suchen. Ihre Rolle als Elternteil ist klar umrissen. Wenn Sie beispielsweise gemeinsam in den Vergnügungspark fahren, dann sollten Sie nicht das Foto kaufen, das geschossen wurde, als Sie beide auf der Wildwasserbahn unterwegs waren, weil nämlich nur Freunde solche Fotos kaufen. Sie können Ihrem Sohn nach der Fahrt auf der Wildwasserbahn aber gern etwas zu essen spendieren, weil gute Eltern so etwas machen. Sie können sogar für Ihren Sohn ein Plüschtier gewinnen, obwohl sich das haarscharf an der Grenze zu dem bewegt, was man eher für seine Freundin macht. Trotzdem ist es eine nette Geste, weil Ihr Sohn eigentlich überhaupt nicht mitfahren wollte. Andererseits wollten Sie selbst ja auch nicht hinfahren, aber das ist ein Kommunikationsproblem zwischen Ihnen beiden, an dem Sie dringend arbeiten müssen.

Erwägen Sie, über Ihre gegenwärtige neue Wohnsituation zu schweigen, bis Sie eine nicht ganz so deprimierende Unterkunft gefunden haben.

Wenn Sie gleich nach der Scheidung gezwungen sind, eine neue Unterkunft zu suchen, dann meiden Sie bitte deprimierende Quartiere wie eine Sozialwohnung oder das Hotel an der Schnellstraße bei Ihnen in der Nähe. Dorthin zu ziehen hilft Ihrer Moral kein bisschen, und es wird Ihrem Sohn nur Depressionen bescheren, wenn er daran denkt, dass Sie jetzt an der Schnellstraße wohnen, wo er früher mit dem Gokart unterwegs war. Wenn Ihr Sohn deprimiert ist, wird er sich stundenlang vor Ihren Fernseher hängen, weil Sie im Hotel Premiere empfangen können. Das bedeutet zwar, dass Ihr Sohn viel Zeit bei Ihnen verbringen wird. Aber wenn Ihnen das Wohl des Jungen am Herzen liegt, dann werden Sie ihn vom Hotel fernhalten, weil er sich sonst zu schnell dort heimisch fühlen und die freie Stelle als Nachtschicht-Manager übernehmen wird. Und wenn Sie dann mal abends Ihre neue Freundin mit aufs Zimmer nehmen wollen, dann steht Ihr Sohn als Manager der Nachtschicht am Empfang, und das wäre für Sie beide eine unangenehme Situation.

Sie sind nicht die Erste, die nach der Scheidung ihre Essgewohnheiten umstellt

Wenn Sie nach der Scheidung das Gefühl verspüren, gesünder zu leben und sich bewusster ernähren zu müssen, dann erliegen Sie nicht dem Irrglauben, dass Sie die Erste sind, die auf diese Idee kommt. Viele Menschen – von Gandhi bis Alec Baldwin – haben schon lange vor Ihnen festgestellt, wie gesund man beispielsweise als Vegetarier lebt. Ich wollte das nur schreiben, weil vermutlich nie zuvor jemand Gandhi und Alec Baldwin in einem Satz erwähnt hat. Oder Gandhi und Alicia Silverstone. Paul McCartney habe ich hier nicht aufgeführt, weil er und Gandhi garantiert schon mal in einem Satz erwähnt wurden. Wenn Sie mit Ihrer in der Stadt lebenden Tochter japanisch essen gehen wollen, dann sollten Sie davon ausgehen, dass sie schon mal Sushi gegessen hat. Immerhin lebt sie in der Großstadt. Also müssen Sie Ihrer Tochter auch nicht erklären, was Miso-Suppe ist. Überhaupt müssen Sie ihr nichts in Sachen japanische Gerichte erklären, weil sie ständig vom Japaner an der Ecke Essen bestellt.

Ihre Mutter bleibt Ihre Mutter, und Ihre beste Freundin bleibt Ihre beste Freundin

So wie die Mutter nach der Scheidung nicht versuchen sollte, eine engere freundschaftliche Beziehung zu ihrer Tochter aufzubauen, ist es für Sie als Tochter gleichermaßen verboten, Ihre Mutter zu Ihrer besten Freundin zu machen. Mag sein, dass sie für Sie da war, als Sie sie brauchten, aber Sie sollten Ihre Zeit besser mit Menschen in Ihrem Alter verbringen, auch wenn die im Seniorenheim jeden Samstag beim Abendessen Wein ausschenken. Okay, auch wenn Sie wirklich gerne Zeit mit Ihrer Mutter verbringen wollen, hört sich das unheimlich an, wenn Sie anderen Leuten erzählen, dass Ihre Mutter Ihre beste Freundin ist. So etwas behalten Sie am besten für sich, so wie ich die Tatsache verschweige, dass ich gar nicht Gitarre spielen kann, obwohl in meiner Wohnung eine Gitarre steht. Wenn mich jemand fragt, ob ich nicht mal etwas vorspielen möchte, dann gähne ich von Herzen und erkläre, dass es höchste Zeit für mich wird, ins Bett zu gehen. Auch mittags um zwölf.

Einige Anmerkungen zur Online-University of Phoenix

Ihnen ist womöglich aufgefallen, dass die Person, die die Anekdote zu Beginn des Kapitels über Scheidungen geschrieben hat,

den gleichen Nachnamen und den ersten Buchstaben des Vornamens mit mir gemeinsam hat. Das wird Sie jetzt vielleicht überraschen, aber diese Person ... bin eigentlich ich. Ja, ich weiß. Es tut mir leid, dass ich meine wahre Identität verschwiegen habe, denn wenn ich jetzt so darüber nachdenke, finde ich es nur fair, wenn ich mir einen Moment Zeit nehme, um Ihnen etwas über die wundervollen Möglichkeiten zu erzählen, die die Online-University of Phoenix zu bieten hat. Diese Form der Online-Weiterbildung hat es mir ermöglicht, meinen Traum zu verwirklichen und meinen eigenen Bauernhof zu führen und sogar einen Doktortitel auf dem Gebiet der weniger bekannten landwirtschaftlichen Nutztiere (Mäuse, Spinnen etc.) zu erlangen. Natürlich musste es dann auch ein Online-Bauernhof sein, da ich in New York City lebe. Mit meinem Abschluss war ich in der Lage, meinen eigenen utopischen, virtuellen Bauernhof zu schaffen. Zwar musste ich einen Webmaster beauftragen, für mich die eigentliche Web-Seite aufzubauen, zu entwerfen und zu betreuen, da ich kaum Ahnung von Computern habe und keinen Abschluss auf dem Gebiet von Computern, Programmierung etc. besitze, doch durch mein Wissen über Bauernhöfe konnte ich dem Webmaster sehr detaillierte Angaben zu meinen Wünschen machen. Da mein Fachgebiet die weniger bekannten landwirtschaftlichen Nutztiere sind, fehlen auf dem Hof einige der bekannteren landwirtschaftlichen Nutztiere (Ziegen, Enten) und auch die richtig bekannten landwirtschaftlichen Nutztiere (Schweine, Schafe, Kühe), aber was auf meinem virtuellen Bauernhof fehlt, wird durch andere, nur selten erwähnte und doch äußerst wichtige landwirtschaftliche Tiere wieder wettgemacht. In einem Fall konnte ich dem Webmaster sehr genau sagen, wo eine Spinne ihr Netz spinnen würde, nämlich links über dem Scheunentor. Es ist für mich sehr wichtig, dass der Bauernhof so korrekt wie möglich dargestellt wird. Viele Leute, die keinen Abschluss an der Online-University of Phoenix gemacht haben, nehmen an, dass Spinnen oft Botschaften in ihren Netzen verstecken, um den richtig bekannten landwirtschaftlichen Nutztieren das Leben zu retten. Nun, ich kann Ihnen sagen, dass Spinnen auf Bauernhöfen keineswegs von Nächstenliebe geprägt sind und lieber ihren besten Freund verkaufen würden, wenn für sie etwas dabei herausspringt. Das und vieles mehr habe ich durch meinen Online-Abschluss gelernt. Ich bin meinen Eltern für ihre Scheidung sogar dankbar, denn ohne diese Scheidung hätte ich mich nie an der Online-University of Phoenix eingeschrieben (die größte anerkannte Online-Universität der Welt), was mir so viele Türen geöffnet hat. Und für gerade mal 30.000 Dollar können Sie meinem Beispiel folgen. Wenn Sie wollen, schicken Sie mir einen Scheck über 30.000 Dollar (oder besser über 30.000 Euro, weil die Scheckgebühren so hoch sind, dass gar nicht mehr so viel übrig bleiben wird), den ich dann an den Online-Dekan der Online-University of Phoenix weiterleiten kann, da ich ihn sehr gut kenne. Wir treffen uns nachher übrigens noch auf einen Kaffee, natürlich im Web-Chat. Da werde ich dann schon mal ein gutes Wort für Sie einlegen. Schicken Sie mir einfach den Scheck, den Rest erledige ich. Es ist nie zu spät, etwas für seine Bildung zu tun.

Der Tod

Machen Sie es bitte nicht noch schlimmer

Meine Mutter hielt es für angebracht, mir per E-Mail mitzuteilen, dass unser Familienhund Major gestorben war. Das war eine sehr bedrückende Erfahrung, die zur Folge hatte, dass ich bei jeder neuen ungeöffneten Mail erst mal mit weiteren schlechten Nachrichten rechnete. Das wiederum hatte zur Folge, dass ich keine Mails mehr öffnete, also auch nicht die Mail von JetBlue Airways, und ein Sonderangebot für einen Flug nach San Francisco verpasste, ganz zu schweigen davon, dass mir so die gute Laune der JetBlue-Mitarbeiter fehlte, die mir jedes Mal meine Angst vorm Fliegen nehmen. Stattdessen musste ich mit Song Airlines fliegen, die mittlerweile ihren Betrieb eingestellt haben, wurde beim Preis über den Tisch gezogen und war den schlechten Witzen der Crew[1] ausgeliefert, von denen jeder versuchte, über alle Maßen witzig zu sein.

„S.W.W."

Der Tod ist eine ernste Angelegenheit, daher sollte man sehr feinfühlig damit umgehen. Ganz gleich, wie alt Ihr Kind ist, es wird sich immer Trost suchend an Sie wenden, wenn es mit dem Tod konfrontiert wird. Außer natürlich Sie sind derjenige, der tot ist. In dem Fall muss es ohne Sie auskommen.

Da Ihre Tochter nun erwachsen ist, müssen Sie nicht versuchen, ihr die Geheimnisse von Leben und Tod so zu erklären, wie Sie es früher einmal gemacht haben – zum Beispiel bei ihrem Lieblingsfrosch Fluffy (dem sie aus Trotz diesen Namen gegeben hatte, weil Sie ihr kein Kätzchen kaufen wollten) oder bei der Großtante, die sie nie gekannt hat (die ebenfalls Fluffy hieß; woher dieser erst spät in ihrem Leben erworbene Spitzname kam, haben Sie nie erfahren, auch wenn Sie so Ihre Vermutungen hatten).

Am wahrscheinlichsten wird es in Ihre Verantwortung fallen, Ihrer Tochter vom Tod eines Familienmitglieds zu berichten. Schlechte Neuigkeiten zu überbringen ist eine schwierige Aufgabe, die eine Kombination aus viel Fingerspitzengefühl und einiger Direktheit erfordert. Sie wollen schließlich nicht um den heißen Brei herumreden und um das Thema so lange wie möglich einen Bogen machen, bis Ihnen schließlich klar wird, wie albern Sie sich aufführen, und Sie dann umso plumper mit der Nachricht herausplatzen. Nehmen wir mal an, Sie suchen Ihre Tochter auf, um ihr vom Tod der Großmutter, also Ihrer Mutter, zu berichten. „Hallo, Schatz! Also, der Garten sieht toll aus. Ich habe eben die Tulpen gepflanzt und ein paar weiße Lampen aufgestellt und die Gartenmöbel aus der Garage geholt – unddeine-

[1] *Bei einem meiner JetBlue-Flüge teilte uns der Captain über die Bordsprechanlage mit: „Wenn bitte alle nach rechts sehen würden ... noch einen Moment ... so, wir sind soeben über mein Haus geflogen." Ich fand das außerordentlich witzig und habe von Herzen lachen müssen. Auf dem Song-Flug verkündete die Flugbegleiterin: „Schnallen Sie sich bitte alle an, das ist für den Captain sein erster Flug! Nein, das war nur ein Scherz, Leute."*

großmutteristtot." Ja, Sie sind über diese Nachricht auch bestürzt (es sei denn, das sind Sie nicht, aber darauf will ich jetzt lieber nicht eingehen), aber das ist noch lange kein Grund, den Tod der Großmutter in einem Atemzug mit den Gartenmöbeln zu erwähnen, selbst wenn die Großmutter von dieser einen Sitzbank immer sehr angetan war. Vielleicht hätte sie auch mal zwischendurch beim Abwasch mitgeholfen, wenn sie nicht so gern auf dieser Bank gesessen hätte. Warum hat sie diese blöde Sitzbank nicht einfach darum gebeten, dass sie ihre Tochter ist? Sie hat mit der Bank ganz eindeutig mehr Zeit verbracht als mit mir – ich will sagen – ich will – ICH HASSE DICH, MOM! Was? Oh, tut mir leid. Weiter im Text.

Folglich versuchen Sie in dem Bemühen, mit der Nachricht bei Ihrer Tochter nicht so mit der Tür ins Haus zu fallen, gar nicht erst, einen galanten Übergang zu finden, um die Nachricht zu überbringen. Ganz sicher wollen Sie nicht, dass die Unterhaltung so abläuft: „Hallo, Schatz. Tja, ich habe gerade die Klimaanlage in der Küche eingebaut, die uns im Sommer das Leben retten wird, weil es ja ein verdammt heißer Sommer werden soll. Obwohl ... ein Lebensretter ist die Klimaanlage eher nicht. Ich kann mir nicht vorstellen, dass sie Großmutter wiederbeleben könnte. Sie ist nämlich tot." Zugegeben, vielleicht wird in naher oder ferner Zukunft ein Genie (vielleicht Ihr arbeitsloses Kind) eine Wieder-zum-Leben-erweck-Maschine erfinden (für die man in der nahen oder fernen Zukunft bestimmt einen besseren Namen finden wird), die gleichzeitig als Klimaanlage eingesetzt werden kann. Die würde dann KooLazarus heißen, und per Knopfdruck wird man vor der Sommerhitze bewahrt und kann gleichzeitig zusehen, wie die Großmutter von den Toten aufersteht.

Da sich das in der Zukunft abspielt, wird der Anblick einer zum Leben erweckten Toten nicht so unheimlich sein, wie es heute noch der Fall sein dürfte. Heute würde man wohl eher eine Schrotflinte auf die von den Toten auferstehende Großmutter richten, weil man glaubt, sie sei ein Vampir oder Zombie und der Vorbote einer Invasion von Vampiren oder Zombies.

Nein, in der Zukunft wird dank des Erfolgs von KooLazarus der Anblick von auferstehenden Toten keinen mehr beunruhigen. Okay, man wird sich wohl niemals ganz daran gewöhnen können – wie denn bitte auch? –, aber man wird nicht völlig ausrasten, was heute sehr wohl der Fall wäre, da niemand etwas von der Funktionsweise von KooLazarus weiß. Jedenfalls schalten Sie dann das Gerät ein, lehnen sich zurück, während Ihnen die kühle Luft ins Gesicht geblasen wird, und genießen den Anblick, wie Ihre Mutter die Augen aufschlägt, sich aufsetzt, als hätte sie eben ein Nickerchen gehalten, Sie um ein Glas Zitronenlimonade bittet und sich erfreut über die angenehme Zimmertemperatur äußert. Dann wird sie Ihnen vermutlich sagen, Sie sollen sich gerade hinsetzen, und zum millionsten Mal die gleichen langweiligen Geschichten aus ihrer Jugend in Texas erzählen, bis Sie sich wünschen, Sie hätten niemals zehn Riesen für diesen verdammten KooLazarus hingeblättert.

Die schlimmsten Methoden, eine Todesnachricht zu überbringen

Todesnachrichten auf der Mailbox

Das Schlimmste, was Sie machen können, wenn Sie eine Todesnachricht mitteilen wollen, ist, diese Nachricht auf der Mailbox Ihres Sohnes zu hinterlassen. Womöglich können Sie sich im Moment gar nicht vorstellen, so etwas zu machen, weil es Ihnen einfach zu albern vorkommt, aber Sie können heute nicht wissen, wie Sie in einer traumatischen Situation reagieren werden. Stellen Sie sich Folgendes vor: Ihr Sohn war am Abend mit Freunden unterwegs und sieht am Morgen, dass er drei Nachrichten auf seiner Mailbox hat. Die erste ging um 4:12 Uhr ein und stammt von seinem volltrunkenen Freund Rusty: „Omannomann, Alter, du musst herkommen … wirsintotalbesoffn!" Die zweite ging um 5:37 Uhr ein, diesmal von einem noch volltrunkeneren (oder sagt man „vollertrunken"?) Rusty: „Wobisssu? Wirmachnfässerstemmemm… mmemm… stemmen! Dasiswieaufmcollege!! *(lautes Rülpsen)*" Die dritte von 9:12 Uhr: „Sohn, hier spricht dein Vater. Dein Großvater ist tot." Da geht die Kinnlade runter! Und wie geht es jetzt Rusty? Bei seinem letzten Anruf hörte er sich ziemlich mitgenommen an. Ganz ehrlich, eine Todesnachricht gehört nicht auf die Mailbox.

Wenn Sie es aber unbedingt auf diese Weise machen wollen, dann doch bitte wenigstens besser. Reden Sie niemals so lange, dass die Aufzeichnung mitten im Satz beendet wird. Ein Beispiel, wie es nicht sein sollte: „Sohn, hier spricht dein Vater. Gestern Abend ist dein Großvater gestorben. Also … wenn du mich anrufen willst, dann solltest du das wohl auch machen. Oder tu's nicht. Oder warte noch ein bisschen, bis du dich gesammelt hast, und ruf mich dann an. Obwohl ... es wäre besser, wenn du sofort zurückrufst, damit wir über die Beerdigung reden können. Vermutlich wirst du bei den Nachbarn von Großmutter übernachten müssen, weil alle anderen bereits bei ihr im Haus einquartiert sind. Es ist ein schönes Haus. Sie sind aus der Türkei ... die Nachbarn meine ich. Ich könnte mir vorstellen, dass dich das Dekor interessieren wird. Ich meine, ich weiß natürlich nicht, ob du dich für türkische Kultur interessierst, aber sie hat etwas von der kubanischen Kultur. Hat man mir jedenfalls gesagt. Ich weiß, du stehst auf Lateinamerikanisches, so wie diese Shakira. Aber es geht ja darum, dass dein Großvater to...“ Piiiiiep. Neben dem überflüssigen Geschwafel passt es vor allem nicht zusammen, eben noch von Shakira zu reden und dann gleich wieder den Tod des Großvaters anzusprechen. Die Gefühle, die Ihr Sohn für diese zwei Personen empfindet, sind so grundverschieden, dass eine Vermischung von beiden gefährlich werden könnte und womöglich Verwirrung, Schweißausbrüche und sogar Homosexualität auslösen kann.

Todesnachrichten auf der Mailbox und ihre Folgen

Wenn es Ihre Gewohnheit ist, Todesnachrichten auf der Mailbox zu hinterlassen, dann könnte Ihr Sohn auf den Gedanken kommen, dass es völlig normal ist, auch andere wichtige Nachrichten auf die Mailbox zu sprechen. So kann es passieren, dass Ihr Sohn sich nichts Böses dabei denkt, wenn er auf diese Weise seine Verlobung löst und fortan nur als der Dreckskerl bekannt ist, der mit seiner Verlobten Schluss gemacht hat, indem er ihr eine Nachricht auf ihre Mailbox gesprochen hat, was jeden an eine schlechte Episode von *Sex and the City* erinnert. Vermutlich ist damit die Episode gemeint, in der Berger mit Carrie via Post-it Schluss macht, aber Sie wissen, wie ich das meine. Gott behüte, dass sie versuchen, mit schlechten Witzen ihren freizügigen und letztlich inhaltsleeren Lebensstil wegzuerklären. Sollen sie doch, mir ist es egal, ob Ihnen die Serie und die frechen Hauptdarstellerinnen gefallen haben und ob Sie alle Episoden auf DVD haben. Ich versuche hier nur, die Wahrheit auszusprechen.

Todesnachrichten per SMS

Es sollte sich von selbst verstehen, dass Todesnachrichten per SMS absolut Tabu sind. Eine SMS ist ohnehin purer Schwachsinn. Ihr Sohn hat vermutlich stundenlang über einer Nachricht seiner Freundin gebrütet, ob sie tatsächlich das bedeutet, was da steht, oder ob sie sarkastisch gemeint war oder ob es irgendeine Anspielung gab, die er nicht verstanden hat. Und warum hat sie noch immer nicht auf seine Antwort-SMS reagiert? Hat er die SMS etwa an die falsche Nummer geschickt? Und warum können sich die Leute nicht einfach gegenseitig anrufen, so wie man es früher gemacht hat? Was ich sagen will: Obwohl da gar kein Spielraum für Deutungen ist, macht es Ihren Sohn gleich doppelt irre, eine Nachricht zu öffnen und dann zu lesen: „Opa=tot." Vermutlich ist Ihr Sohn bereits ein solcher Experte im Interpretieren von SMS, dass er die Nachricht überinterpretiert und glaubt, sein Großvater sei nur im metaphorischen Sinne tot. Er hält die SMS für einen Witz, lacht darüber und setzt sich erst mitten in der Nacht im Bett auf, da ihm auf einmal klar wird, dass sein Großvater tatsächlich tot ist.

Todesnachrichten per SMS und ihre Folgen

Eine falsch interpretierte Todesnachricht per SMS wird Ihren Sohn dazu bringen seine SMS-Lesefähigkeiten, auf die er bis dahin so stolz gewesen ist, infrage zu stellen. Von da an wird er sich bei jeder eingehenden SMS fragen, ob eine von ihnen womöglich eine weitere Todesnachricht enthält. Zum Beispiel wenn Ihr Sohn eine SMS von einem Freund erhält, mit dem er sich treffen wollte. „Verlasse jetzt die U-Bahn", schreibt der Freund, und Ihr Sohn beginnt, von einer Todesnachrichten-SMS-Paranoia geplagt, zu grübeln, ob der Freund damit vielleicht gemeint hat, dass er sich aus einer fahrenden U-Bahn stürzen will. Erst wenn er seinen Freund sieht, ist er wieder beruhigt und schließt den Freund unter Tränen in seine Arme. Der Freund wird erschrocken reagieren und vermutlich mit Ihrem Sohn nichts mehr zu tun haben wollen, ganz egal, wie gut das Gras ist. Sagte ich gerade Gras? Ihr Sohn raucht gar kein Gras. Ich weiß nicht, warum ich so was von mir gebe. Ich meine, wer Gras raucht, ist nicht paranoid und neigt auch nicht zu Gefühlsausbrüchen. Das ist lächerlich. Bestimmt ist Ihr Sohn ein exzentrischer Dichter oder so. Ein echter Emily-Dickinson-Typ.

Todesnachrichten per E-Mail

In einer Fallstudie rief eine Frau ihre E-Mails ab und entdeckte eine Mitteilung ihrer Mutter, die sie auf diesem Weg wissen ließ, dass der geliebte Familienhund im Alter von fünfzehn Jahren ge-

storben war. Das ist ziemlich alt, in Menschenjahren so um die fünfhundert Jahre. Bislang hat noch niemand herausgefunden, wie viele Hundejahre einem Menschenjahr entsprechen.[2]
Dass die Mutter sich nicht mal die Mühe gemacht hat, zum Telefon zu greifen und der Tochter persönlich von diesem Todesfall zu berichten, verschlimmerte nur die Bestürzung ihrer Tochter, die die ganze Nacht wach lag und sich fragte, wie ihre Mutter Jahr für Jahr dem Hund einen Geburtstagskuchen backen konnte – von dem der Hund zwar nichts hatte, da alles mit Schokolade für Hunde giftig ist –, sich dann aber damit begnügte, die Nachricht von seinem Ableben per elektronischer Post zu versenden.

Todesnachrichten per E-Mail und ihre Folgen

Da die Tochter nun Angst hat, nach ihren E-Mails zu sehen, entgeht ihr das günstige Angebot von JetBlue Airways, und sie muss für ihr Flugticket nach San Francisco viel zu viel bezahlen. Denn anstatt verantwortungsbewusst nach ihren E-Mails zu sehen, die dieses günstige Angebot enthielten, buchte sie über Expedia.com, weil ihr die Fernsehwerbung so gut gefallen hatte. Außerdem verbindet sie Geburtstagskuchen – einst ihre liebste Sorte Kuchen – nun mit toten Hunden, und sie gibt inzwischen erotischem Gebäck den Vorzug, was aber ihr eigenes Problem ist und

[2] *Neben der Möglichkeit, etwas gegen die globale Erwärmung und gegen Erdbeben zu erfinden, könnte sich das arbeitslose kreative Kind auch gleich noch überlegen, wie viele Hundejahre einem Menschenjahr entsprechen. Augenblick, man sagt mir soeben, dass ein Menschenjahr sieben Hundejahren entspricht. Oh.*

(hoffentlich) nichts mit dem toten Hund zu tun hat. Es mag der Zeitpunkt kommen, da sehen Sie sich im Zimmer oder im Apartment Ihrer Tochter um (je nachdem ob sie noch zu Hause lebt oder eine eigene Wohnung hat), weil Sie herausfinden wollen, ob sie in ihrer Strumpfschublade irgendwelches erotisches Gebäck versteckt hat. Der Genuss von erotischem Gebäck ist schlecht für die Taille und kann viele Strümpfe gründlich ruinieren. Ganze Familien wurden schon gespalten, nur wegen der Sucht eines Einzelnen nach erotischem Gebäck. Wenn Sie solches Gebäck finden, wenden Sie sich bitte sofort an die gebührenfreie Suchthotline, wo Sie anonym Rat einholen können. Es ist nie zu spät, etwas dagegen zu unternehmen.

Todesnachrichten, die von Clowns überbracht werden

Vielleicht halten Sie den Tod für eine so deprimierende Sache, dass Sie der schlechten Neuigkeit etwas Leichtfüßiges zu verleihen versuchen, indem Sie einen Clown engagieren. Es ist Ihnen vielleicht nicht bekannt, aber es gibt unzählige Verweise darauf, wie angsteinflößend Clowns sind. Wissenschaftliche Untersuchungen haben ergeben, dass sich 89,5 Prozent aller Menschen vor Clowns fürchten, und 60 Prozent dieser Menschen glauben, sie seien die Einzigen mit dieser Phobie. Das geben sie manchmal auf Partys zum Besten, weil sie es für eine interessante und humorvolle Geschichte über sich selbst halten. Diese Leute sind ja so was von nervtötend. Es dürfte wohl bekannt sein, dass Ihr Kind Clowns vor allem mit der TV-Verfilmung von Stephen Kings Roman Es in Verbindung bringt, in dem der exzellente Tim Curry einen als Clown verkleideten Serienmörder spielt.

Todesnachrichten, die von Clowns überbracht werden, und ihre Folgen

Als Folge davon, dass ein Clown eine Todesnachricht überbringt, wird Ihr Sohn allen Grund haben, später auf Partys jedem zu erzählen, dass Clowns bei ihm Todesängste auslösen. Da Ihr Sohn so etwas aber schon zuvor gemacht hat und die Leute nun vermuten, dass er in Wahrheit gar keine Angst vor Clowns hat – wer redet denn schließlich schon so offen über seine Ängste? –, wird man ihm kein Wort glauben, und wenn er das nächste Mal in einer dunklen Gasse einem Killerclown gegenübersteht und voller Entsetzen um Hilfe ruft, dann wird keiner zu ihm gelaufen kommen, weil sie alle glauben: „Ach, Rob tut bloß wieder so, als hätte er Angst vor Clowns. Komm, wir holen uns ein Fresca." Auch wenn Ihr Sohn gar nicht Rob heißt, werden die anderen ihn so nennen, weil sich niemand die Mühe macht, sich den Namen von jemandem zu merken, der ständig nur über Clowns redet. Und dann holen sie sich ihr Fresca, weil das köstlich schmeckt.

Todesnachrichten als gesungene Telegramme

Ich weiß genau, was Sie denken: „Wenn ich schon keinen Clown anheuern kann, um eine Todesnachricht zu überbringen, dann bestelle ich eben ein singendes Telegramm." Tja, schwerer Irrtum. Auch wenn das eine kaum bekannte Phobie ist, verbindet Ihr Sohn das singende Telegramm mit dem Film *Alle Mörder sind schon da* von 1985, in dem eine junge Frau erschossen wird, als sie singend ein Telegramm vorträgt. (Falls Sie den Film noch nicht kennen: Es war der von Christopher Lloyd gespielte

Mr. Green, der die junge Frau erschoss, weil er mit ihr eine Affäre gehabt hatte, als sie seine Patientin war. Außerdem war sie eine potenzielle Informantin für seinen Erpresser Mr. Boddy, der einmal mehr vom exzellenten Tim Curry gespielt wurde.)[3]

Todesnachrichten als gesungene Telegramme und ihre Folgen

Eine als gesungenes Telegramm vorgetragene Todesnachricht hat keine echten Folgen, außer vielleicht: Sie geben damit jemandem Arbeit, der sich dieser längst überholten Kommunikationsform verschrieben hat, die ihm keine Zukunft bieten kann. Sie sollten Menschen keinen Mut machen, die den falschen Weg eingeschlagen haben. Vielmehr sollten Sie dem Telegrammsänger ans Herz legen, die Online-University of Phoenix zu besuchen und einen Abschluss in einem richtigen Fach zu machen, um eine richtige Karriere in Angriff zu nehmen – so wie ich. Verweisen Sie diese Sänger ruhig an mich, ich werde ihnen helfen, mit dem Scheckausstellen und so weiter zu beginnen.

[3] *Es ist kein Zufall, dass Tim Curry gleich zweimal in Zusammenhang mit möglichen Phobien Ihrer Kinder genannt wird, aber das richtet sich nicht gegen den Schauspieler. Vielmehr will ich damit seine ungeheure Wandlungsfähigkeit demonstrieren, so völlig in einer Rolle aufzugehen, dass er einen bleibenden Eindruck bei Ihren Kindern hinterlässt. Ich empfehle einen Blick in die Internet Movie Database (www.imdb.com), damit Sie eine Vorstellung von Mr. Currys beeindruckendem Œuvre bekommen.*

Vergleiche und Konkurrenzdenken

Ihr Kind ist fantastisch, so wie es ist – außer es ist nicht fantastisch

Mein Vater sagte mir, er würde mir 300 Dollar geben, wenn ich beim jährlichen Thanksgiving-Fünfkilometerlauf in meiner Heimatstadt gegen ihn anträte. Er hatte monatelang trainiert und wollte mir beweisen, dass er mich immer noch schlagen kann. Ich war einverstanden und nahm die 300 Dollar, dann gab ich nach einem Kilometer vor, ich hätte mir den Knöchel verstaucht, nur damit er sich gut fühlte.

„Sarah Winston Walker“

Vermutlich wissen Sie bereits, dass es keine gute Idee ist, Ihr Kind mit seinen Geschwistern, Cousins, Nachbarn, Freunden oder mit erschreckend altklugen Kinderschauspielern zu vergleichen. Ein Beispiel: „Glückwunsch, dass du in deiner Klasse Zweite beim Hochsprung geworden bist. Hast du gewusst, dass Anna Paquin soeben einen Oscar für ihre Rolle in *Das Piano* gewonnen hat und dass sie genauso alt ist wie du?“
Damit helfen Sie Ihrer Tochter nicht, ihre Persönlichkeit zu entwickeln, und anstatt ihren Kampfgeist zu wecken, wird sie zunächst ängstlich werden und sich dann Ihnen gegenüber abweisend verhalten, weil Sie sie nicht so akzeptieren, wie sie ist, und

viel später wird Ihre Tochter erst sehr zufrieden und anschließend peinlich berührt sein, weil der vormals so altkluge Kinderstar sich als drogensüchtiger Versager entpuppt hat. Das ist Anna Paquin bislang nicht widerfahren, und dazu wird es wohl auch nicht kommen, weil ihre Karriere ziemlich gut läuft. Nicht, dass mich das interessieren würde.

Ganz bestimmt werden Sie für sich einen solchen Vergleich angestellt haben, da Sie sich fragen, wie Kenneth, der Sohn Ihres Bruders, es geschafft hat, Captain der Highschool-Fußballmannschaft zu sein, die erste Geige im Schulorchester zu spielen, Präsident des Schülerrats zu sein und vorzeitig von Princeton aufgenommen zu werden. Ihr Sohn dagegen wurde aus seiner Fußballmannschaft geworfen und bezeichnete das Schulorchester als eine „Versagertruppe“, was zwar witzig ist und den Tatsachen entspricht, was seinem Lebenslauf aber gar nicht geholfen hat. Tatsächlich haben Sie es mit den Vergleichen ein ganz klein wenig übertrieben, da Sie ausgefeilte Tabellen angefertigt haben, auf denen Sie Kenneths Leistungen und die Leistungen Ihres Sohnes gegenüberstellten. Dann gerieten Sie in Verlegenheit, als Ihr Sohn die Tabelle entdeckte, und erklärten in aller Eile, es handele sich um ein Konzept für eine Familien-Gameshow, das so streng geheim sei, dass Sie kein Wort darüber verlieren dürften, damit Ihnen niemand die Idee klaut. Zum Glück gab sich Ihr Sohn mit dieser Erklärung zufrieden, weil er nicht so altklug ist. Wäre Kenneth oder Anna Paquin Ihr Kind, dann hätten Sie sich nicht so leicht aus der Affäre ziehen können.

Das war damals schon übel, aber es ist nie zu spät, um etwas zu unternehmen, damit Sie aufhören, Ihr Kind zu verkorksen. Ich weiß, Sie können das – sehen Sie sich doch Ihren Sohn an! Nachdem er seinen Abschluss gemacht hat, ist doch noch ein netter, normaler Mensch aus ihm geworden, während Kenneth heute nach Pornos und seiner alten Sega-Spielkonsole süchtig ist. Ich möchte wetten, das haben Sie mit Ihren Grafiken und Tabellen damals nicht vorhersehen können, oder? Also immer mit der Ruhe. Aber nun hat sich eine winzige Veränderung eingestellt. Denn Sie vergleichen Ihren Sohn zwar nicht mehr mit seinem krankhaft vollkommenen Cousin, aber dafür mit Ihnen selbst. Der Vorteil ist, dass Sie Ihren Sohn nun als Erwachsenen ansehen, was an sich toll ist. Allerdings bemerken Sie dabei nicht, wie ärgerlich und peinlich diese Vergleiche für jeden sind, der sie mitbekommt, Ihren Sohn eingeschlossen. Versuchen Sie beispielsweise nicht zu beweisen, wie jung und fit Sie noch sind, indem Sie darauf bestehen, dass Ihr Sohn mit Ihnen am Weihnachtsmorgen bei Minustemperaturen zehn Kilometer läuft. Was beweist das schon? Dass man sich auch an Weihnachten Erfrierungen holen kann? Ich sage Ihnen mal was: In neunzig Prozent aller Fälle, in denen Sie Ihren Sohn, der irgendwas um die zwanzig ist, während Sie selbst Gott weiß wie alt sind (aber auf jeden Fall so richtig alt), zu einem sportlichen Wettkampf überreden wollen, werden Sie unterliegen. Aber nicht nur ein paar Sekunden, sondern Ihr Sohn wird Sie in Grund und Boden rennen. Erinnern Sie sich noch, dass Sie als kleiner Junge oft einen noch kleineren Jungen geärgert haben, indem Sie Ihre eine Hand auf dessen Kopf legten, ihn so auf Abstand hielten und ihm sagten, er solle versuchen, Sie zu schlagen? Der kleinere Junge fuchtelte immer und immer wieder mit den Armen, ohne auch nur in

Ihre Nähe zu kommen, aber inzwischen sind Sie selbst dieser kleinere Junge, und Sie können nur beten, dass Ihr Sohn nicht abrupt die Hand von Ihrem Kopf nimmt und Sie auf dem Gesicht landen, während Sie mit den Armen fuchteln.

Wenn Sie Schach oder Backgammon als Sportart betrachten, dann dürften das die verbleibenden zehn Prozent sein, bei denen Sie am Ende als Sieger dastehen können. Aber das ist es nicht wert, dass Sie oder Ihr Sohn eine Demütigung aus erster oder zweiter Hand erleiden müssen, die bei einem sportlichen Wettkampf zwischen Ihnen beiden unvermeidlich ist.

Falls Sie schon gemerkt haben, dass Ihr Körper es in sportlicher Hinsicht nicht mit dem jungen, gut aussehenden Körper aufnehmen kann, verlegen Sie sich womöglich auf einen hinterlistigeren Vergleich – nämlich Ihr Gewicht. Wenn eine ältere Person erklärt: „Ich wiege immer noch so viel wie in der Highschool", dann beeindruckt das niemanden, und es freut sich auch niemand für diese Person. Tatsächlich ist das sogar einer der nervtötendsten Sätze, die je gesprochen wurden, und überboten wird er nur von: „Du siehst müde aus." Oder: „Du erinnerst mich an eine ältere Sharon Stone." Auf die letzten beiden Bemerkungen lautet die korrekte Erwiderung: „Was zum Teufel soll denn das heißen?" Die korrekte Reaktion auf die Gewichtsaussage ist folgende: „Halt verdammt noch mal die Klappe." Man beachte, wenn man gesagt bekommt, dass man müde wirkt oder wie eine ältere Sharon Stone aussieht, dann sind das zwar nervtötende Aussagen, aber sie lösen beim Angesprochenen Unsicherheit aus, und die

Macht liegt daher beim Sprecher, auch wenn der ein Arschloch ist. Aber wenn jemand sagt, er wiege noch genauso viel wie in der Highschool, dann ist dieser Sprecher nichts weiter als ein magersüchtiger Aufschneider und möglicherweise auch ein Lügner. Er kann mit einem solchen faden Satz nichts erreichen, außer vielleicht andeuten, der Angesprochene sei übergewichtig, weil der eben nicht mehr genauso viel wiegt wie in der Highschool. Aber das ist so idiotisch, dass man es nicht mal in Erwägung ziehen kann. In jedem Fall muss Ihnen jetzt klar sein, warum ein solcher Satz zur Folge hat, dass Ihr Sohn sehr verkorkst dastehen würde. Was sagten Sie? Dass Sie nicht mehr genauso viel wiegen wie in der Highschool? So, so. Fettsack.

Eine Nachricht der Autorin

Ich werde noch mehr über mein Leben offenlegen, um auf diese Weise Ihr unerschütterliches Vertrauen zu gewinnen, und deshalb möchte ich an dieser Stelle die Tabelle veröffentlichen, die meine Eltern benutzt haben, um mich im Alter von 23 Jahren mit meiner gleichaltrigen Cousine Laura zu vergleichen. Als ich letztes Jahr über Weihnachten nach Hause fuhr, stieß ich auf diese Tabelle, die am Badezimmerspiegel in meinem alten Zimmer klebte. Meine Mutter muss davon ausgegangen sein, dass ich nie in den Spiegel sehen würde, weil ich von meinem guten Aussehen so überzeugt bin. Sonst hätte sie die Tabelle bestimmt ein bisschen geschickter versteckt.

Okay, ich möchte an dieser Stelle sagen, dass Laura ein arrogantes Miststück ist und nicht annähernd so ein bodenständiger Mensch ist wie ich. Nur weil sie in Mathematik und Wirtschaftslehre gute Noten hatte, während meine Begabung im Formulieren von intelligenten Texten liegt, ist das noch lange kein Grund, mich dafür zu bestrafen, dass ich nicht so viel Geld verdiene als sie. (*Als* sie? *Wie* sie? Hm, kann ich mir nie merken.) Wartet nur ab, bis mich eine Prominente zu ihrer besten Freundin macht und mich in ihr Gefolge aufnimmt. Dann muss ich mir um Geld nie wieder Sorgen machen! Übrigens habe ich nicht gesagt, dass ich selbst diese Prominente werde und selbst so viel Geld verdiene, denn ich bin ein bescheidener Mensch, was man von dieser ach so perfekten Laura nicht sagen kann.

Sarah	
JOB	Autorin (kein Job)
EINKOMMEN	10.000 $/Jahr
AUSSEHEN	trägt die Haare zu oft zum Dutt hochgesteckt
FREUND	keiner (lesbisch?)
APARTMENT	Souterrain, Küchenschaben, auch andere Schädlinge gesichtet
SPORT	sehr gut in Basketball und Fußball (lesbisch?)
GESUNDER MENSCHENVERSTAND	ganz gut, aber kein Freund (lesbisch?)
KÜNSTLERISCHE FERTIGKEITEN	malt von Zorn erfüllte Bilder auf Treibholz
BILDUNG	als Autorin hoch, könnte aber von einem Selbsthilfebuch profitieren
MATHEMATIK	kann 20 Prozent Trinkgeld geben, wenn sie dabei einen Spickzettel benutzt
ORIENTIERUNGSSINN	hervorragend, bildet sich aber zu viel auf ihr Wissen über den Straßenplan von New York City ein; das Ganze ist ein Gitternetz, also krieg dich wieder ein
EHRGEIZ	offenbar keinen, außer billigen Wein zu trinken und sich in Barkeeper zu verlieben; außerdem will sie zehn Pfund abnehmen
VERHALTEN IN GESELLSCHAFT	trinkt viel
RELIGION	trat aus der Kirche aus, hat der Mutter damit das Herz gebrochen

Ach ja, Mom, falls du das hier liest: Ich bin nicht lesbisch, ich habe bloß noch keinen Freund, das ist alles. Wenn ich erst mal zu diesem Promi-Gefolge gehöre, dann habe ich ganz bestimmt überall Freunde. Vermutlich Freunde, die

Laura	
JOB	Investmentbankerin
EINKOMMEN	200.000 $/Jahr
AUSSEHEN	naturblond
FREUND	lebt mit ihm seit zwei Jahren zusammen, ebenfalls Investmentbanker
APARTMENT	Loft in Tribeca
SPORT	Pilates und Yoga
GESUNDER MENSCHENVERSTAND	hervorragend (Freund, nicht lesbisch)
KÜNSTLERISCHE FERTIGKEITEN	brennt Keramikbecher für die Geburtstage ihrer Freunde, die herrliche Geschenke abgeben
BILDUNG	schreibt fantastische Danksagungen
MATHEMATIK	geht tagtäglich wie selbstverständlich mit komplexen Zahlen um
ORIENTIERUNGSSINN	hat einen Fahrer, der sie hinfährt, wohin sie will
EHRGEIZ	möchte ihrer Familie ein Leben in Komfort ermöglichen, indem sie durch harte Arbeit etwas zurückgibt
VERHALTEN IN GESELLSCHAFTEN	geistreiche Unterhalterin
RELIGION	treue Episkopalin, hilft freiwillig bei der Armenküche ihrer Kirche mit

mit meiner Promi-Freundin schlafen. Drei Freunde gleichzeitig! Mit denen ich es im Whirlpool treibe, im Privatjet und ironischerweise auch auf dem Klo irgendwelcher Spelunken! Ha!
Tut mir leid, wenn ich jetzt etwas laut geworden bin. Womit ich bei meinem nächsten Kapitel wäre.

Schuld

Ich fühle mich mies, dieses Kapitel schreiben zu müssen

Manchmal bekomme ich Schuldgefühle, wenn ich eine Tür zu schwungvoll zuwerfe, aber nicht weil ich glaube, es könnte die Nachbarn stören, sondern weil ich fürchte, ich könnte der Tür wehgetan haben. Diese Vermenschlichung von Türen hat dazu geführt, dass ich nie mit genügend Nachdruck vorgehen kann, wenn ich jemanden aus meiner Wohnung werfe. Wenn ich jemanden anbrülle: „Ich will dich nie wiedersehen!" und schiebe ihn aus dem Apartment, dann muss ich die Tür hinter ihm sanft zudrücken, was diese Person völlig verwirrt, da sie zu glauben beginnt, ich könnte es gar nicht so gemeint haben. Dabei ist das mein voller Ernst. Mir tut nur die Tür leid.

„Walker"

Schuld. So was verspüren Sie jeden Tag, wenn Sie das Recycling „vergessen" oder wenn Ihr Nachbar überraschend vorbeikommt und Sie dabei ertappt, wie Sie sich „Germany's Next Topmodel" anstelle der Bundestagsdebatte ansehen. Wie sollen Sie erklären, dass Sie den Blick nicht von Heidi Klum lösen können, obwohl es doch viel wichtiger wäre, sich mit der Lage der Nation zu beschäftigen? Die Ironie am Rande besteht darin, dass es im Bundestag von Leuten wimmelt, die sich für das schämen sollten, was sie machen, während die Topmodels sich nicht für das schämen müssen, was sie machen.

Schuld ist übrigens ein gutes Werkzeug, um Ihre Kinder während einer Reihe von passiv-aggressiven psychologischen Spielen, deren Ziel es ist, sie in einen permanenten Angstzustand zu versetzen, zur Ruhe zu zwingen. Diese Spiele schicken sie durch ein emotionales Fegefeuer, bei dem sie zwar wissen, dass Sie ihnen Schuldgefühle bereiten, gegen die sie sich aber nicht zur Wehr setzen können, was zu einem psychologischen Gebräu aus Wut und Schuld zugleich führt. Der geläufigere Begriff dafür ist „Druck erzeugen".

Die Technik des Druckerzeugens ist eine uralte Methode, die von den Phöniziern als Tauschwerkzeug entwickelt wurde. Sie brachten die Malteser dazu, am Wert ihrer eigentlich hochwertigen Waren zu zweifeln, indem sie ihnen unterstellten, viel zu viel für ihre Tongefäße zu verlangen. Dabei ließen die Phönizier ein paar Tränen in ihre Augen steigen, um den Eindruck zu erwecken, sie würden angesichts des hohen Preises jeden Moment anfangen zu weinen, obwohl sie es dazu nie kommen ließen. Dann tauschten sie ihre minderwertigen Terrakottaprodukte gegen die hochwertigen Waren der Malteser – neben Tongefäßen auch Elfenbeinkästchen und Amulette. Zwar ahnten die Malteser, dass sie übers Ohr gehauen wurden, aber sie waren zu durcheinander, um das zu beweisen, weil die Tatsache sie geblendet hatte, dass die Phönizier fast in Tränen ausgebrochen wären. Damit erklärt sich auch, dass heutige Schauspieler und Betrüger die direkten Nachfahren der Phönizier sind, während Handwerker und Idioten von den Maltesern abstammen.

Eltern jedoch besitzen eine angeborene Fähigkeit, bei ihren Kindern Schuldgefühle aufkommen zu lassen. Meistens müssen sie sich dabei nicht mal besonders anstrengen, es ergibt sich praktisch wie von selbst. Zum Beispiel so: Sie deuten Ihrer Tochter gegenüber an, dass Sie gern mehr Zeit mit ihr verbringen würden, wenn sie das nächste Mal zu Besuch kommt, und Sie schlagen vor, dass sie ihre Freunde ja auch in Ihr Haus auf einen Drink einladen kann, anstatt zu Wie-heißt-sie-noch-gleich zu gehen. Offenbar hat Wie-heißt-sie-noch-gleich „coole" Eltern, mit denen Ihre Tochter sogar gerne Trinkspiele spielt. Aber Sie können auch „cool" sein, selbst wenn Ihre Tochter Sie für langweilig hält. Ich weiß, das würde sie Ihnen niemals ins Gesicht sagen, aber aus welchem anderen Grund lädt sie ihre Freunde nie in Ihr Haus ein? O nein, Sie werden nicht versuchen, ihr Schuldgefühle einzureden. „Geh schon, geh ruhig zu …", sagen Sie. „Mach dir um mich keine Sorgen, nur weil ich allein zu Hause sitze. Ich bin gern mal allein. Dann habe ich Zeit, um über meine Tochter nachzudenken, auch wenn sie gerade nicht bei mir ist, obwohl sie überhaupt nur für zwei Tage nach Hause gekommen ist."
Das Schlimmste an den Schuldgefühlen, die Sie Ihrer Tochter aufladen, ist dabei Folgendes: Ihre Tochter kann noch so gut gegen diese Masche gefeit sein, wenn ihr Partner, eine Freundin oder ein von Pünktlichkeit besessener Vorgesetzter sie anwendet, aber sobald die Eltern damit ankommen, kann sie sich dagegen nicht zur Wehr setzen. Es ist das schwerste Geschütz, das Sie auffahren können, und man kann nur hoffen, dass sich die Forschung auf dieses Thema stürzt und ein Gegenmittel entwickelt, das man in Form von Tabletten oder Tropfen einnehmen

kann. Oder in Form eines Chips, der im Genick eingepflanzt wird, damit die Wucht der Schuldgefühle abgeblockt wird, die Sie auf Ihr Kind abfeuern. Da Schuldgefühle aber (neben dem Geld) die stärkste Macht sind, die Sie auf Ihr Kind ausüben können, müssen Sie zurückhaltend und verantwortungsvoll damit umgehen, während Sie beim Geld auf keinen Fall knausern sollten. Wenn also Ihre Tochter mit ihrer Freundin ins Kino gehen will, anstatt sich mit Ihnen vor den Fernseher zu setzen, dann sollten Sie ihr keine Schuldgefühle bereiten, indem Sie laut seufzen und erwähnen, dass die Kinder Ihrer Nachbarn immer etwas mit ihren Eltern unternehmen – zum Beispiel Hufeisenweitwurf mit der ganzen Familie. Richtig wäre es, wenn Sie Ihrer Tochter ein oder zwei Hunderter in die Hand drücken (und dazu noch ein Diamantenarmband) und ihr viel Spaß wünschen. Schließlich zeigen Sie Ihrer Tochter, wie sehr Sie sie lieben, wenn Sie ihr so viel Geld nur für einen Kinobesuch geben. Außerdem sollten Sie froh sein, dass Ihre Tochter nichts für Hufeisenweitwurf übrig hat, weil das eine total langweilige Art ist, um Zeit mit Ihrem erwachsenen Kind zu verbringen.

Abschließend noch eine Liste schuldfreier Aktivitäten, die Sie mit Ihrer Tochter gemeinsam unternehmen können.

1. Schuldfreie Kekse essen.
2. Schuldfreien Schokoladenkuchen backen und anschließend essen.
3. Ein Kochbuch mit schuldfreien Rezepten lesen.
4. Gemeinsam ein Kochbuch mit schuldfreien Rezepten schreiben.

Und das wär's auch schon.

Therapie

Hör schon auf, darüber zu reden

Meine Therapeutin erklärte mir, ich würde deshalb davon träumen, unter Wasser auf einem Eisbären zu reiten, weil mir der Verlust meines Vaters zu schaffen mache und ich mich in eine Traumwelt flüchte. Ich sagte ihr nicht, dass ich einen Eisbären als Haustier hatte, als ich acht Jahre alt und die Alleinerbin jenes Zauberers war, der im Westflügel unserer Burg im Rheinland wohnte. Stattdessen suchte ich sie nie wieder auf, weil sie sich schlichtweg in jeder Hinsicht irrte.

„Sarah"

Abhängig davon, welchen Therapeuten Sie auswählen, kann eine Therapie für Ihre Tochter eine gute Sache sein, vorausgesetzt sie hat so etwas überhaupt nötig. Wenn sie eine sehr glückliche, ausgeglichene Person ist, was zu großen Teilen Ihr Verdienst sein dürfte, dann kann es passieren, dass sie durch eine Therapie an ihrem Glück zu zweifeln beginnt und damit in eine Spirale aus Selbstzweifeln gerät, über die sie dann mit ihrer Therapeutin reden kann. Die Ironie dabei ist, dass Sie versucht haben, in jeder Hinsicht gute Eltern zu sein, aber nicht ausschließen wollten, Sie könnten vielleicht doch den einen oder anderen Fehler in der Erziehung gemacht haben, was aber gar nicht der

Fall war, sondern erst in dem Moment eintrat, als Sie ihr die Therapie nahelegten, was natürlich die Vermutung nach sich zog, Sie könnten Fehler gemacht haben.
SIEHST DU JETZT, WAS DU MIR ANTUST, MUTTER???!!!
Ähm …

Viele Leute, die in Therapie sind, reden gern darüber, in Therapie zu sein. Das ist eine extrem ärgerliche Angewohnheit, genauso wie die Masche, besonders großen Leuten zu sagen, wie unglaublich groß sie sind. Meine Güte, die Leute wissen selbst, wie groß sie sind, das muss ihnen keiner mehr sagen. Ich bin in Therapie, aber ich würde nicht darüber schreiben, dass ich in Therapie bin, auch wenn nichts verkehrt daran ist, zu einem Therapeuten zu gehen. Es ist nur eben so, dass die Leute nicht so darüber reden sollten, als sei das eine besondere Leistung. Aber wo wir schon beim Thema sind, kann ich Ihnen ja anvertrauen, dass ich im Laufe des letzten Jahres große Fortschritte gemacht habe. Sie können sich gar nicht vorstellen, auf wie vielen Ebenen mir ein enormer Durchbruch gelungen ist. Und ich habe geweint, ja, ich habe richtig geweint, aber ich habe keine Angst davor, das auch zuzugeben. Wenn ich ein Kerl wäre, hätte ich vielleicht ein Problem damit, so etwas zuzugeben. Aber Mädchen weinen schließlich dauernd, nicht wahr? Das heißt nicht, dass ich verrückt bin. Ich lasse nur meine Gefühle heraus, und vielleicht sollten Sie auch mal über eine Therapie nachdenken, wenn Sie als Eltern an sich arbeiten möchten. Aber mit dem Besuch beim Therapeuten sind auch Risiken verbunden, vor allem das Risiko, sich wie ein Arsch anzuhören, wenn man jedem, der es hören will, von seiner Therapie erzählt.[1] Es gibt verschiedene Möglichkeiten, wie Leute über Therapie reden. Manche beziehen sich darauf in einer trotzigen Art und Weise, zum Beispiel so: „Also ich muss nachher noch zur Therapie (kurze Pause, um die Worte wirken zu lassen und den Angesprochenen zu belauern, ob er sein Gegenüber für verrückt hält) ... können wir uns dann heute Abend am iPod-Laden treffen? Oh, entschuldige, aber das ist meine andere Freundin, mit der ich mich nachher da treffe. Hatte ich ganz vergessen. Wir beide treffen uns doch zum Kaffee." Wenn Ihre Tochter etwas in dieser Art zu einer Freundin sagt, nur um sie wissen zu lassen, dass sie in Therapie ist *und* einen iPod besitzt (was eigentlich keine so bedeutende Sache ist, aber Ihre Tochter ist ganz eindeutig dieser Meinung), dann haben Sie es mit einem Fall von Doppeltem Arsch (DA) zu tun. In diesem Fall sollten Sie Ihre Tochter nicht länger zur Therapie gehen lassen, damit sie aufhört, sich für so wichtig zu halten. Übrigens liegt das ganz in Ihrem Ermessen, ob Sie die Therapie für beendet erklären, denn immerhin bezahlen Sie ja die Therapeutenrechnung.

Andere Leute, die in Therapie gehen, müssen jedem mitteilen, was sie in der letzten Sitzung über sich gelernt haben, obwohl der unfreiwillige Zuhörer davon gar nichts hören möchte. Nein, die Zuhörer glauben nicht, dass der Redner ein besonders schlauer Mensch ist. Und sie finden auch, dass Therapie ein

[1] *Nein, auf mich trifft das nicht zu, ich bin in diesem Fall nicht der Arsch. Ich habe mich nicht mal so wahnsinnig lange über Therapie ausgelassen. Außerdem ist das mein Buch, und ich mache hier, was ich will.*

ziemlicher Scheiß sein muss. Es gibt nur einen Menschen, der auf interessante Weise von Therapien erzählen kann, und das ist Woody Allen. Wenn Sie also nicht Woody Allen sind, dann träumen Sie, wenn Sie glauben, mich könnte interessieren, was Ihr Therapeut darüber erzählt, dass ich mich um mein inneres Kind zu kümmern hätte. Ich kann Kinder nicht mal ausstehen (ja, darüber habe ich mit meiner Therapeutin gesprochen). Aber sehen Sie mich an, wie ich, Woody Allen, über Therapien rede. Nein, nein, *ich* bin nicht Woody Allen. Ich habe ihn nur eben gespielt, weiter nichts. Ist Ihnen das nicht aufgefallen? Na, dann haben Sie bestimmt noch nicht genug von seinen Filmen gesehen.

Ich würde Ihnen nicht empfehlen, zusammen mit Ihrer Tochter zum Therapeuten zu gehen. Es ist für die Therapie nicht förderlich, wenn die Person, über die man sich unbedingt auslassen möchte, gleich neben einem sitzt. Vermutlich geht so was bei einer Paartherapie, jedenfalls stelle ich mir das vor, nachdem ich mir die vielen romantischen Komödien mit Kate Hudson angesehen habe, in denen es um dieses Thema geht. Allerdings muss es vor allem bei Therapeuten der Freud'schen Schule ziemlich eigenartig sein, wenn man in allen Einzelheiten durchspricht, dass all der Stress zwischen Ihnen und Ihrem Kind eigentlich nur die Folge eines latenten Verlangens Ihres Kindes ist, mit Ihnen zu schlafen. Also ehrlich.

Ist ja widerwärtig!

Wenn man der Therapie mit ein wenig Skepsis begegnet und sie als eine hilfreiche Übung betrachtet, nicht aber als das A und O der persönlichen Weiterentwicklung, dann kann das sogar ein erhellender Prozess sein. Es besteht die Chance, dass Ihr Nachwuchs Ihnen einen gewissen Stress bereitet, daher kann der Besuch bei einem Therapeuten ein guter Weg sein, um diesen Frust loszuwerden, bevor Sie etwas Unüberlegtes tun und Ihrem Kind die finanzielle Unterstützung verweigern. Sollten Sie Letzteres wagen, würde man Sie sofort in eine geschlossene Anstalt einweisen, denn es kann nur eine schwere geistige Störung vorliegen, wenn Sie Ihrem eigenen Fleisch und Blut die Existenzgrundlage entziehen. Außerdem würde man Sie nicht in eine neue, saubere Anstalt einliefern, vielmehr würde Ihr Kind nach einer alten, heruntergekommenen Anstalt suchen, in der sich noch die Geister derer tummeln, die die Schocktherapie nicht überlebt haben. Was ist Ihnen lieber: eine ganz normale Therapie oder eine Schocktherapie? Gut, dann lassen Sie Ihrem Kind auch das Geld. Nein, ich drohe Ihnen nicht. Ich lasse Sie nur wissen, was passieren könnte. Nein, was passieren *wird*. Ich weiß aus meinem eigenen Umfeld von drei Fällen, in denen geizige Eltern in einem von diesen alten Häusern eingesperrt wurden, in die sich niemand außer diesen Pflegern, die alle so einen etwas irren Blick haben, hineinwagt.

Fassen wir abschließend zusammen:

Therapie = Gut für den Abbau von Frust, den Sie wegen Ihres Kindes womöglich verspüren.
Ihrem Kind den Geldhahn zudrehen = Unvermeidbare Heimsuchung durch Geister der an Schocktherapie Verstorbenen in jener heruntergekommenen, schmuddeligen geschlossenen Anstalt, in die man Sie sperren wird.

Partnerschaft

Die Möglichkeit, dass Ihr Kind nicht allein sterben wird – es sei denn, Sie mischen sich ein

Ich brachte meinen Freund mit, um ihn meinen Eltern vorzustellen. Alles lief richtig gut, bis das Thema Abtreibung zur Sprache kam. Mein Freund glaubt, dass eine Frau das Recht hat, diese Entscheidung selbst zu treffen, aber er sagte, er wäre bereit, die Vaterrolle zu übernehmen, falls ein Unfall geschehen sollte. Daraufhin schlug ihm mein Vater ins Gesicht, anschließend schlug ich meinem Freund ins Gesicht, weil er meinen Eltern mehr oder weniger klar gesagt hatte, dass wir vorehelichen Sex hatten. Dann schlug mein Bruder ihm auch noch ins Gesicht, weil ihm nicht gefiel, dass mein Freund Sex mit der Schwester meines Bruders (also mit mir) hatte. Danach musste ich einfach mit ihm Schluss machen, weil seine Nase so krumm und schief war, dass ich mit ihm keinen Sex mehr haben wollte. *„Sar“*

Wenn Ihre Tochter einen Mann gefunden hat, mit dem sie den Rest ihres Lebens verbringen will, dann ist das eine bemerkenswerte Leistung. Die Chancen sind unglaublich gering, dass jemand den einen Menschen findet, mit dem er für alle Zeit glücklich sein wird, ganz gleich wie lange die beiden verheiratet sein werden, abzüglich natürlich der unglücklichen Jahre, wenn einem von beiden oder beiden klar wird, dass sie gar nicht mehr verheiratet sein wollen. Da muss man lange Zeit sieben, ehe so ein Mensch auftaucht. Das sind eine Menge Widerlinge, mit denen Ihre Tochter ausgehen wird, ehe sie hoffentlich zur Vernunft kommt und die Typen zum Teufel jagt. Ihr Sohn wiederum wird mit jeder Menge Flittchen ausgehen, mit ihnen heißen Flittchen-Sex haben (hofft er jedenfalls) und sie dann zum Teufel jagen. Überlegen Sie mal, wie viele Menschen es in China gibt, von der Welt insgesamt ganz zu schweigen. Die genaue Zahl weiß ich im Moment nicht. Ich hatte sie mir irgendwo notiert, ich werde sie eben später wiederfinden.[1] Was ich damit sagen will: Ihr Sohn/Ihre Tochter hat etwas Gutes erreicht, so wie Sie selbst ja auch, vorausgesetzt Sie sind noch immer verheiratet. Wenn Sie mit dem netten Mädchen/dem netten Jungen von nebenan die Richtige/den Richtigen erwischt haben, als Sie damals noch Händchen haltend in Ihrem Messerschmitt-Kabinenroller saßen und sich Jazzmusik anhörten oder was immer Sie zu der Zeit gemacht haben, dann tragen Sie jetzt als Eltern die Verantwortung dafür, dass Sie die Beziehung Ihres Sohnes nicht gegen die Wand fahren. Das kann er nämlich auch sehr gut allein, indem er zum Beispiel bei einem romantischen Ausflug am Valentinstag seiner Freundin offenbart, dass er nicht an die Ehe glaubt. Das ist für

[1] *Ich habe schnell im Internet nachgesehen und dabei festgestellt, dass die chinesische Bevölkerung jedes Jahr um zehn Millionen Menschen wächst und Mitte des 21. Jahrhunderts 1,6 Milliarden erreicht haben wird.*

die Freundin besonders schmerzhaft, weil Ihr Sohn eine Form von Idiotie unter Beweis gestellt hat, denn wer kann allen Ernstes behaupten, nicht an die Ehe zu glauben? Sie ist eine uralte Institution, die sich bewährt hat. Schließlich ist die Ehe nicht so etwas wie ein Einhorn, an dessen Existenz man nicht glaubt. Ironischerweise glaubt Ihr Sohn tatsächlich an Einhörner, und obwohl die beiden letztendlich ihren Streit zum Thema Ehe beilegen konnten, führte sein unerschütterlicher Glaube an Einhörner schließlich zur Trennung.

Wie ich bereits sagte, müssen Sie Ihr Kind in seiner Beziehung nach Kräften unterstützen, aber natürlich gibt es auch Grenzen. Wenn der Freund Ihre Tochter schlägt, dann haben Sie das Recht, seine Knöchel zu zertrümmern und ihn so zu foltern, wie Kathy Bates es in *Misery* macht, nur dass Sie natürlich nicht „Ich bin Ihr größter Fan“ zu ihm sagen, sondern eher etwas in der Art von „Ich mache dich fertig“, was ihn am ganzen Leib zittern lässt, zusätzlich zum unbeherrschten Schluchzen wegen der zertrümmerten Knöchel.

Wenn der Freund Ihrer Tochter sich zu sehr für Alkohol und/oder Drogen interessiert, dann können Sie ebenfalls seine Drogen und alle für deren Gebrauch notwendigen Utensilien konfiszieren und Ihrer Tochter übergeben, damit sie aus erster Hand erfährt, wie schädlich die Wirkung dieser Drogen ist. Das ist quasi die gleiche Vorgehensweise wie damals, als Ihre Tochter dreizehn war und Sie sie sahen, wie sie mit ihrem Freund (der mit dem schlechten Einfluss, vor dem jeder warnte) an der Ecke stand und eine Zigarette rauchte, woraufhin Sie Ihre Tochter zwangen, ein ganzes Päckchen Zigaretten zu rauchen, nur um ihr zu beweisen, wie widerwärtig Rauchen ist. Das war eine gute Lektion, weil Ihre Tochter danach nie wieder eine Zigarette anfasste und immer noch zu spontanem Erbrechen neigt, wenn sie nur Zigarettenqualm riecht. Bei Drogen sollten Sie aber vielleicht etwas vorsichtiger sein, denn ich habe gehört, dass manches von dem Zeug, was heutzutage auf der Straße gehandelt wird, ziemlich süchtig machen kann. Sie wollen schließlich nicht, dass Ihre Tochter in der Entzugsklinik herumerzählt, wie sie von einem Tag auf den nächsten drogensüchtig wurde, nur weil sie eine ganze Tüte Kokain schnupfen musste, damit sie merkt, wie übel dieses Zeugs ist. Außerdem könnte der mit dem Koksen verbundene Gewichtsverlust zu verlockend sein, als dass sie so bald wieder damit aufhören möchte, denn wenn sie erst einmal mit ihrem koksenden Freund Schluss gemacht hat, kann es nicht schaden, sich bei der Suche nach dem nächsten Kandidaten so dünn wie möglich zu präsentieren.

Wenn Sie den hoffentlich relativ normalen, friedfertigen und nicht drogensüchtigen Freund Ihrer Tochter kennenlernen, dann müssen Sie ihn freundlich empfangen, aber heißen Sie ihn nicht sofort in Ihrer Familie willkommen, weil das Ihrer Tochter unangenehm wäre. Ich schlage vor, dass Sie sich vor der ersten Begegnung mit dem Freund der Tochter den Klassiker *Rat mal, wer zum Essen kommt* von 1967 mit Spencer Tracy, Katharine Hepburn und Sidney Poitier ansehen, sozusagen als Leitfaden dafür, wie Sie nicht reagieren sollten, wenn Sie dem Freund gegenüberstehen (auch wenn der nicht zwangsläufig eine andere Hautfarbe hat, was ja Dreh- und Angelpunkt des Films ist). Wenn Sie keine Möglichkeit haben, sich dabei, was Sie meiden sollten und was nicht, an dem Film zu orientieren, dann versuchen Sie einfach, *nicht* das folgende Beispiel nachzuahmen.

SIE *(schieben Ihre Tochter zur Seite und umarmen ihren Freund viel zu lange und viel zu fest):* Willkommen in unserem Haus! Ich hoffe, so wird auch das Zuhause sein, das Sie sich in Zukunft mit meiner Tochter teilen werden.
FREUND *(lacht höflich und löst sich aus Ihrer Umklammerung):* Na, wir sind ja erst seit ein paar Monaten zusammen. Ich weiß nicht, ob wir überhaupt schon daran denken, zusammenzuziehen.
SIE: Nun, ich meinte damit nicht, dass Sie zusammenziehen, sondern dass Sie heiraten.
IHRE TOCHTER: Hör bitte auf.
GEDANKEN DES FREUNDES: Das reicht jetzt. Sobald wir gegangen sind, mache ich mit ihr Schluss.

Hüten Sie sich aber auch vor dem anderen Extrem:
SIE *(halten ihm steif eine Hand hin):* Freut mich, Sie kennenzulernen, (Name des Freundes).
FREUND: Die Freude ist ganz meinerseits.
SIE: Ich würde Ihnen ja einen Platz anbieten, aber ich weiß nicht, wie lange Sie überhaupt ein Paar bleiben werden.
IHRE TOCHTER: Das war unhöflich.
GEDANKEN DES FREUNDES: Unhöflich schon, aber sie hat recht. Sobald wir gegangen sind, mache ich mit ihr Schluss.
Wenn das Treffen in einem Restaurant stattfindet, wird die „Kein-Alkohol"-Regel vorübergehend ausgesetzt. Sie alle dürfen Cock-

tails trinken, aber maximal zwei Stück, und natürlich dürfen diese keinen Tequila enthalten, wie zum Beispiel Margaritas, Tequila Gimlets oder Juanito's Temptation. So was sollten Sie ohnehin niemals trinken. Es gibt einen idealen Punkt des Beschwipstseins, ab dem einem die Unterhaltung leichtfällt, an dem man aber noch nicht zu viele Details aus dem Leben seines Kindes preisgibt. Nachfolgend nun ein Beispiel für eine Unterhaltung und ihre Folgen. Wegen Ihrer alkoholbedingten Indiskretion nimmt sie einen verheerenden Verlauf. Ich schreibe das auch in der Form eines Theaterstücks, da ich glaube, dass ich das sehr gut kann, wie die obigen Beispiele bewiesen haben.

BESETZUNG
SIE: Die Mutter.
LANCE: Der Sohn.
SIMONE: Die Freundin.
DAN: Der bekiffte Freund.
DIERDRE: Exfreundin, wird nur erwähnt.
Riecht nach *Cornflakes*.

Szene beginnt am Tisch in einem Nobelrestaurant mit SIE *(also mit Ihnen),* LANCE *und* SIMONE.

SIE: Ich bin ja so froh, dass Sie mit Lance zusammen sind. Seine letzte Freundin war nicht besonders helle. Und auch nicht sehr attraktiv. Und ich fand, dass sie nach Cornflakes roch.
LANCE: Red nicht so über Dierdre, sonst denkt Simone noch, dass du eines Tages über sie auch so reden wirst.

SIMONE: Das habe ich gar nicht gedacht. Machst du etwa Schluss mit mir?

LANCE: Nein, ich sage nur ...

SIE *(während Sie sich mehr von dem Merlot einschenken):* Simone ... was für ein interessanter Name. Sagen Sie, Simone, warum hassen Ihre Eltern Amerika?

SIMONE: Was? Aber meine Eltern hassen Amerika doch gar nicht! Warum behaupten Sie so was?

SIE: Simone ist ein französischer Name.

SIMONE: Meine Großmutter hieß so.

SIE: Ja, ganz bestimmt. Aber wechseln wir das Thema, Simone. Hat Lance Ihnen schon mal davon erzählt, wie er mit seinen kleinen Freundinnen das Stück „One" aus *A Chorus Line* bei der Talentshow in der dritten Klasse aufgeführt hat?

LANCE: Nein, hör auf.

SIMONE *(denkt: „Das hört sich aber schwul an."):* Das würde ich gern mal hören.

SIE *(trinken einen Schluck):* Lance hat *A Chorus Line* als Kind schlichtweg *geliebt*. Ein Jahr lang hat er sich den Film fast täglich angesehen. Vor allem faszinierte ihn die Rolle der Beatrice Ann „Bebe" Benson, die im Film von der großartigen Nicole Fosse gespielt wird.

LANCE: Michelle Johnston.

SIE *(trinken einen Schluck):* Was meinst du?

LANCE: Michelle Johnston! Michelle Johnston hat die Rolle der Beatrice Ann „Bebe" Benson gespielt. Nicole Fosse war im Film Kristine Evelyn Erlich-DeLuca!

SIMONE *(denkt: „O Gott!")*

SIE: Ja, natürlich. *(Sie trinken einen Schluck)* Auf jeden Fall führten Lance und seine zwei kleinen Freundinnen das Stück vor der ganzen Schule auf! Ich nähte für die drei goldene Westen und Shorts, dazu trugen sie kleine goldene Zylinder und Steppschuhe. Warten Sie! Ich glaube, ich habe davon noch ein Foto.
(Sie suchen das Foto heraus.)
SIMONE: Das ist ja süß.
LANCE: Ja, nicht wahr? Habe ich dir übrigens ...
SIE *(trinken einen Schluck):* Dann kommt das große Finale, und auf einmal hört Lance auf und rennt von der Bühne! Niemand wusste, was geschehen war, aber dann stellte sich heraus, dass er sich in die Hose gemacht hatte.
LANCE *(beginnt unkontrollierbar zu husten)*
SIMONE *(denkt: „Wie widerlich."):* Aha.
SIE *(trinken einen Schluck):* Ich habe das auch auf Video festgehalten.
LANCE *(bekommt sich wieder in den Griff):* Hör sofort auf zu trinken.

Sechs Monate später: Simone *und* Lance *haben sich getrennt, nachdem* Lance *ihr untreu geworden ist.* Lance *erhält einen Anruf von seinem Freund* Dan.
DAN: Eh, Alter, Simone hat jetzt 'n Blog.
LANCE: Na und?
DAN: Öhm. Es heißt Lancemachtsichindiehose.blogspot. Da steht 'ne Story, wie du dir in die Hose gemacht hast, als du mit einundzwanzig in *A Chorus Line* mitgemacht hast. Stimmt das?
LANCE: Ich war acht!

DAN: Na, auch egal. Aber *A Chorus Line?* Biste schwul oder was?
LANCE: Ich habe Simone betrogen, verdammt noch mal!
DAN: Mit 'nem Kerl?
LANCE: Nein!
DAN: Na, jedenfalls haben schon so zwölftausend Leute die Seite besucht. Und es gibt da 'nen Link zur Website deiner Mutter, www.lancesmomandbestfriend.com, auf der sie die gleiche Geschichte erzählt, aber mit Foto und Video.
LANCE: Ich muss jetzt auflegen.
DAN: Wieso? Hast du 'nen Kerl bei dir oder so was?
LANCE: Nein! *(legt wütend den Hörer auf, lässt das Gesicht in seine Hände sinken)*
Ende der Szene

Wow, das war ja richtig gut. Vielleicht mache ich daraus ein komplettes Bühnenstück. Und nenne werde ich es *A Chorus Line* ... nein, ich glaube, *Les Miserables* passt besser.

Gehen wir davon aus, dass Sie irgendwann den Mann kennen lernen, den Ihre Tochter liebt, und die beiden haben beschlossen, sich zu verloben. Diese Neuigkeit wird Sie sicher sehr freuen, bedeutet das doch, dass Enkel für Sie in greifbare Nähe gerückt sind. Möglicherweise sind die aber schon unterwegs, denn mal ehrlich: Das Paar ist eigentlich ein bisschen jung, und was glauben Sie, warum die zwei so darauf versessen sind, möglichst bald zu heiraten? Normalerweise heiraten Leute nicht im Januar, wenn sie sich gerade mal einen Monat zuvor verlobt haben. Und finden Sie es nicht etwas merkwürdig, dass sie sich bei Babies'R'Us haben vormerken lassen? Aber auch egal. Was ich damit sagen will: Die beiden lieben sich, und zwar so sehr, dass sie Sex vor der Ehe hatten. (Verrottet in der Hölle, ihr verdammten EHEBRECHER!!!)

Ob Baby oder nicht, auf jeden Fall wartet auf Sie die Teilnahme an einer Hochzeitsfeier – und die Rechnung dafür ebenfalls. Wenn Ihre Tochter heiratet, ist es traditionell Ihre Aufgabe, die Hochzeit zu bezahlen. Das kann natürlich Auslöser für massiven Stress sein, wie man sehr gut aus der Komödie *Vater der Braut* von 1991 mit Steve Martin erfahren kann, der den geizigen, letztlich aber liebevollen Dad George Stanley Banks spielt, während Kimberley Williams seine Tochter Annie Banks mimt, die der ganze Stolz des Vaters ist. Ist Ihnen eigentlich aufgefallen, dass sie in diesem Film mit einundzwanzig heiratet und noch nicht mal ihren College-Abschluss in der Tasche hat? Immerhin hat sie Bryan MacKenzie während ihres ersten College-Jahrs in Rom kennengelernt. Ganz bestimmt war das im Originalfilm von 1950 völlig okay, aber ich finde, bei der Neuverfilmung hätten die Filmemacher sich ein paar Gedanken über die gesellschaftlichen Folgen dieser Verlegung in die Gegenwart machen sollen. Wenn Annie sich so sehr wünscht, Architektin zu werden, warum haben sie und Bryan nicht wenigstens erst mal zusammengelebt? Und warum regt sie sich über den Zwischenfall mit dem Mixer so auf? Dachte sie etwa, damit würde unterstellt, sie sei eine Hausfrau aus den fünfziger Jahren? Unterwirft sie sich nicht sogar den Normen aus dieser Zeit, wenn sie so jung heiratet, ohne einen Gedanken an ihre Karriere zu verschwenden? Mir ist klar, dass Steve Martin das im Film auch noch anspricht, aber Diane Keaton hält dagegen, als sie und Steve heirateten, hätten sie zuvor auch nicht zusammengelebt. Aber damals herrschten auch noch andere Verhältnisse, und ich glaube nicht, dass man das als Vergleichsgrundlage nehmen kann. Meine Vermutung ist, dass die Filmemacher versuchten, beides miteinander zu vereinen, indem sie die Atmosphäre des Originals beibehielten und gleichzeitig die heutigen Erwartungen kaschierten, dass eine Frau in Beruf und Familie gleichermaßen gut und erfolgreich sein soll. Darüber hinaus ist die Basketball-Szene am Abend vor der Hochzeit völlig verkehrt. Wenn die beiden tatsächlich so oft gemeinsam Basketball gespielt haben, dann hätte George Annie doch sicher irgendwann mal beigebracht, wie man richtig spielt. Meine Güte, sie wirft den Ball mit beiden Händen! Und dann schneit es auch noch? Wollen die mich verarschen? Sollen wir als Zuschauer wirklich so viel widerstandslos schlucken, dass wir nicht nur glauben, in L.A. könnte es schneien, sondern auch noch akzeptieren, dass ein Kerl mit einem Porsche und einem riesigen Haus in einem noblen Vorort bei der Hochzeit geizt und auf Martin Shorts albernen Akzent hereinfällt?

ALSO BITTE, HOLLYWOOD! UND SCHÄMEN SIE SICH, STEVE MARTIN!

Aber ich schweife ab. Sie könnten sich glücklich schätzen, wenn Sie Steve Martin in irgendeiner Weise nacheifern würden, auch wenn Sie dann ein paar hundsmiserable Filme drehen müssten, auf die Sie sich dann wohl nur einlassen, damit Sie Ihre umfangreiche und ständig wachsende Sammlung zeitgenössischer Kunstwerke bezahlen können und genug Geld haben, um sich als Autor von recht humorvollen und intelligenten, aber mäßig rührenden Geschichten zu betätigen, was Ihre wahre Leidenschaft ist. Was ich sagen will, ist Folgendes: Steuern Sie so wenig wie möglich zu den Hochzeitsplänen bei, und widersprechen Sie möglichst nicht. Sie können sich gegen das Feuerwerk aussprechen, mit dem die Namen der Frischvermählten an den Himmel geschrieben werden sollen, aber zwingen Sie das Brautpaar bitte nicht, eine von diesen Torten in Katzenform zu bestellen, die Ihnen so gut schmecken und bei denen der Boden aus Kekskrümeln besteht. Ja, jeder mag Eistorte, da will Ihnen niemand widersprechen. Aber es gibt bestimmte Anlässe, bei denen eine solche Torte gern gesehen ist, und das sind so ziemlich alle Anlässe, nur keine Hochzeiten.

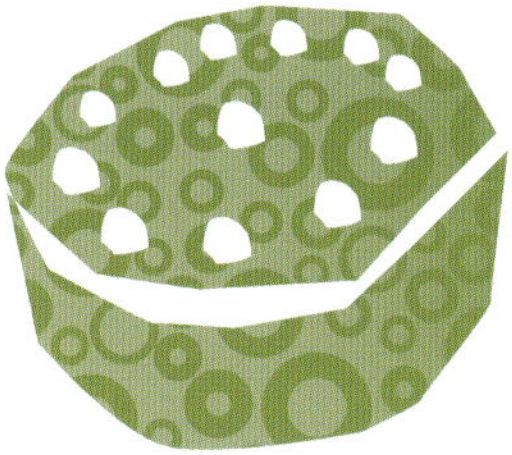

Hier eine Übersicht über die Anlässe, bei denen man Eistorte essen kann
KINDERGEBURTSTAGE
ERWACHSENENGEBURTSTAGE
ABSCHIEDSPARTYS
WILLKOMMENSPARTYS
ERÖFFNUNGSPARTYS
ABSCHLUSSPARTYS
LANGWEILIGE BETRIEBSFEIERN
WITZIGE BETRIEBSFEIERN
WITZIGE „ESSEN WIR KUCHEN, WEIL WIR DAS WOLLEN UND WEIL SOMMER IST“-PARTYS
WITZIGE „WIR TUN SO, ALS OB SOMMER WÄRE, UND ESSEN EISTORTE, OBWOHL ES SCHNEIT“-PARTYS
„ICH BRINGE MEINE GEFÜHLE DURCH EISTORTE ZUM AUSDRUCK“-PARTYS
„WIR LIEBEN EISTORTE“-PARTYS
„WIR HASSEN EISTORTE, ESSEN SIE ABER TROTZDEM“-PARTYS

Hier eine Übersicht über die Anlässe, bei denen man Eistorte nicht essen kann
HOCHZEITEN

Eine Nachricht der Autorin

So, jetzt werde ich mal für ein paar Augenblicke die Rolle der weisen Ratgeberin verlassen, mich nach hinten lehnen und ein Schwätzchen mit Ihnen halten. Wie fühlen Sie sich? Wissen Sie was? Für den Fall, dass Sie noch immer an meinen Fähigkeiten zweifeln, möchte ich ein paar Dinge über mich verraten, weil ich nämlich so wie Sie ein ganz normaler Mensch bin, dem Sie bedingungslos vertrauen können.

1. **Ich trinke gerne Bier.** Das bedeutet, ich bin bodenständig und habe keine Angst vor ein paar Kalorien, so wie ich auch keine Angst davor habe, die Dinge beim Namen zu nennen.

2. **In meiner Wohnung hängen zwei gerahmte Aerobic-Schallplatten von Jane Fonda.** Beide Cover zeigen Jane Fonda in Stretch-Body, Leggings und Stulpen, wie sie verschiedene, nicht allzu anstrengende Aerobic-Posen einnimmt. Das bedeutet, ich bin offen dafür, Probleme zu lösen – aber mit Stil.

3. **Ich wohne neben einer Buchhandlung namens „Biographie“, in der es keine Bibel zu kaufen gibt.** Glauben Sie mir, ich habe nachgefragt. Als ich ihnen erklärte, die Bibel sei die Biographie von Jesus, da lachten sie mich aus. Ich weiß, ich bin mit meiner Meinung im Recht, und ich hätte auch allen Grund, den Laden zu boykottieren, aber ich gehe weiter dorthin, weil ich anderen Völkern und Religionen gegenüber sehr tolerant bin, fast so wie Jesus.

4. **Manchmal gehe ich mit Schauspielern aus, was ein erschreckender Gedanke ist.** Dieser Ratschlag steht zwar in keinem Zusammenhang zu diesem Buch, aber wenn Sie ein alleinerziehender Elternteil oder einfach nur eine Einzelperson sind, dann empfehle ich Ihnen, sich nicht mit Schauspielern zu verabreden. Wenn Sie ein Schauspieler sind, rufen Sie mich gar nicht erst an. Ich werde nicht mit Ihnen ausgehen. So, das musste mal gesagt werden.

Okay, jetzt haben Sie erst mal genug über mich erfahren! Ich schlüpfe nun wieder in die Rolle der weisen Ratgeberin und sitze richtig herum auf meinem Stuhl. So wie ein ganz normaler Mensch.

Probelauf zum Hochzeitsdinner

Party! Party?

Am Tag vor meinem Probedinner bekam meine Mutter eine Halsentzündung, sodass sie ihre Rede meinem Vater ins Ohr flüsterte, der das Geflüsterte dann laut wiederholen musste. Heute wird mir klar, dass dieser Vorfall einer der Faktoren gewesen sein könnte, die schließlich zur Scheidung meiner Eltern führten, denn ich bin mir fast sicher, dass meine Mutter niemals gesagt hätte: „Ich hoffe, meine Tochter wird eine viel bessere Ehefrau, als ich es war, denn ich habe in dreißig Jahren Ehe nie einen Finger gerührt, um meinem Mann zu helfen, selbst wenn er mich nett darum bat.“

„Winston“

Wir sind in der Endrunde angekommen. Ihre Tochter steht kurz vor der Heirat. Im Prinzip können Sie sie immer noch verkorksen, aber nun entziehen Sie sich meiner Zuständigkeit. Ich versuche nur, Ihrem beklagenswert unverheirateten Nachwuchs durch jene Phase zu helfen, in der er vor Gott Single ist.[1] Sobald Ihr Nachwuchs einen Partner gefunden hat, übernimmt diese Person einen Großteil der Verkorks-Verantwortung, zu der die Schwiegereltern dann auch ihren Teil beitragen. Aber wir wollen uns jetzt nicht auf das Niveau von Schwiegerelternwitzen begeben. Ich glaube, dafür können wir uns gegenseitig zu gut leiden. Es sollte aber nicht vergessen werden, dass Sie ebenfalls zu Schwiegereltern werden, sobald Ihr Kind verheiratet ist. Damit können Sie also den dringenden Wunsch, jemanden zu verkorksen, auf den Partner Ihres Kindes richten, was sich indirekt auch wieder auf Ihr Kind niederschlagen wird.

Vergessen Sie aber nicht, dass Ihr Kind so lange Single ist, bis der Pfarrer, der Rabbi oder eine online zum Pfarrer geweihte Person die beiden zu Mann und Frau erklärt hat, sodass Sie bis dahin immer noch die Möglichkeit haben (und vielleicht sogar den – perversen – Wunsch verspüren), Ihrem Kind alles zu verderben. Sie müssen lernen, dieses Verlangen zu unterdrücken.

Das ist so wie damals, als Sie sich mit diesem britischen Austauschschüler eingelassen haben, obwohl Sie wussten, dass er nichts Gutes im Sinn haben konnte. Aber weil er im nächsten Dezember schon wieder abreisen würde, sagten Sie sich: „Was soll's? Ich werde mit dieser Person so viel Zeit wie möglich verbringen, und wenn ich am Ende verletzt werde, dann kann ich mich damit immer noch später befassen."

Tja, aber da irren Sie sich, ganz gewaltig sogar. Inzwischen sind Sie erwachsen, und Ihr Kind hat den Platz des britischen Austauschschülers eingenommen. Zwar hat Ihr Kind nicht diesen reizenden Akzent, und es fehlt ihm auch an Witz, aber trotzdem

[1] *Es sei denn, Ihr Nachwuchs ist schwul. Dann wird er vor Gott immer Single bleiben, bis irgendein liberaler und auf intellektuell machender Präsident die Bühne betritt und ihm die gleichen Grundrechte gewährt wie allen anderen Menschen auch.*

werden Sie von Ihrem Kind verlassen. Sie bleiben verletzt und allein zurück und verspüren eine leichte Angst vor ansteckenden Krankheiten, wenn auch aus anderen Gründen. Deshalb müssen Sie sich nach und nach von Ihrem Kind lösen und erkennen, dass das Ende nahe ist und Ihre Beziehung einen drastischen Wandel erleben wird. Wäre Ihr Kind dieser Austauschschüler, dann würden Sie etwa Anfang November anfangen, seine Telefonate zu belauschen, und vermutlich zu dem Schluss kommen, einen Monat vor seiner Abreise nicht mehr mit ihm zu schlafen. O ja, genau *so* ist das.

Was Ihr Kind tun sollte

Wie Sie nur zu gut wissen, ist eine Heirat eine sehr kostspielige und zeitraubende Angelegenheit, wenn sie der Tradition entsprechend stattfindet. Wenn Ihre Tochter auch nur ein kleines bisschen Verstand besitzt, wird sie mit ihrem Verlobten durchbrennen und die Flitterwochen an einem exotischen Ort verbringen, vorzugsweise auf einer politisch instabilen tropischen Insel oder in einem dieser mittelamerikanischen Staaten, die sich in letzter Zeit so großer Beliebtheit erfreuen. Auf diese Weise haben sie nach ihrer Rückkehr viel interessantere Geschichten zu berichten. Niemand will was über die Meeresfrüchte hören, die in der Ferienanlage auf Jamaika serviert wurden. Die Leute interessiert, wie die beiden in Panama City in einem ehemaligen Hotel landeten, das heute ein Bordell beherbergt. Oder wie sie in Nicaragua an der Seite der Sandinista gekämpft haben. Es wäre klug von Ihnen, Ihre Tochter dafür zu begeistern, denn Sie ersparen sich damit die Kosten für die Hochzeit und die Flitterwochen, da die Übernachtungspreise in einem Bordell nicht unterboten werden können. Im Idealfall brennt Ihre Tochter durch und erlebt mit ihrem Ehemann ein aufregendes Abenteuer in Belize, wo die beiden durch eine Abfolge glücklicher Zufälle in den Besitz eines Artefakts der Maya gelangen. Obwohl es sich um ein wunderschönes und unschätzbar wertvolles Artefakt handelt, sind die beiden ehrlich genug, es seiner rechtmäßigen Eigentümerin zurückzugeben, nämlich Josephina, der Hure mit dem goldenen Herzen, die in dem Bordell, in dem die zwei untergekommen waren, dem Laster frönte. Jetzt kann sie auf ihr großes Familienanwesen in den Bergen zurückkehren, nachdem sie durch die Hilfe Ihrer Tochter und Ihres Schwiegersohns ihr Geburtsrecht wiedererlangt hat. Sie wird den beiden ewig dankbar sein, und so können sie den Rest ihrer Flitterwochen auf diesem Anwesen verbringen, auf dem Pfaue frei herumlaufen. Nach ihrer triumphalen Heimkehr werden sie eine große Party im Maya-Stil veranstalten, um ihr neues Leben zu feiern.

Falls Ihr Kind aber eine eher „traditionelle" Hochzeit bevorzugt, müssen Sie sich einer Reihe von Ritualen unterwerfen, die weitaus schmerzhafter und anstrengender sind als die kannibalischen Feierlichkeiten der einheimischen Bevölkerung von Belize.

Was Ihr Kind wahrscheinlich tun wird

Ihre Tochter wird sich vermutlich für die traditionellere Form entscheiden, was zu schade ist, denn wann wird sie so jemals nach Belize kommen? Aber die Entscheidung liegt nun mal bei den beiden, nicht wahr? Beginnen wir also mit dem Probedinner.

Das Probedinner wird normalerweise von den Eltern übernommen und ist eine intimere Angelegenheit, da nur das Brautpaar und die nächsten Angehörigen daran teilnehmen. Dabei hat auch jeder, der den dringenden Wunsch verspürt, die Möglichkeit, eine Ansprache zu halten. Das ist allerdings eine besonders gefährliche Angelegenheit, zumal es im Gegensatz zur Hochzeitsfeier keine Beschränkungen gibt, wer eine Ansprache halten darf und wer nicht. Sogar Leute, die gar nichts sagen wollten, können nicht dem Verlangen widerstehen, mit der Gabel gegen ihr Glas zu tippen, auch wenn sie dann feststellen müssen, dass sie gar nicht wissen, was sie sagen sollen. Ansprachen bei der Hochzeitsfeier beschränken sich auf die Eltern und die Trauzeugen. Daher ist das Probedinner die Gelegenheit für alle Verrückten, das Wort zu ergreifen und es am liebsten gar nicht mehr herzugeben. Das gilt auch für Onkel Derek, der den Moment nutzt, um sich vor der Familie zu outen. Aber mal ehrlich: Wir haben doch alle gewusst, dass er schwul ist. Sogar Oma war klar, dass „überzeugter Junggeselle“ nichts weiter als eine Umschreibung ist für „heimlicher Schwuler“. Doch selbst die unverfänglichsten Ansprachen neigen zum Abschweifen, während die Gäste sich (verständlicherweise) bei den kostenlosen Alkoholika bedienen. Allerdings haben wir schon weiter vorn gelernt, dass Gratisgetränke in Verbindung mit Familienfeiern in die Katastrophe führen. Daher sind Sie gut beraten, wenn Sie ein Limit setzen, wie viel Champagner, Prosecco oder andere Formen von Schaumwein konsumiert werden dürfen. Der eine oder andere wird darauf zunächst verärgert reagieren, aber letztlich wird es Ihnen jeder danken, wenn dem Betreffenden klar wird, welche

Peinlichkeiten Sie ihm damit erspart haben. Spätestens geschieht das nach der nächsten Einladung zu einem Probedinner mit unbegrenztem Ausschank an alkoholischen Getränken, wenn der Betreffende es für ausgesprochen witzig hielt, vor der entsetzten Cousine des aus Argentinien stammenden Bräutigams, die kein Wort Deutsch spricht, einen Striptease hinzulegen.

Ansprachen beim Probedinner

Wenn Ihre Ansprache an der Reihe ist, dann fassen Sie sich kurz, verwenden Sie einfache Sätze und seien Sie freundlich. Halten Sie sich von Witzen fern. Ich kann Ihnen jetzt schon sagen, dass die nicht lustig sein werden. Machen Sie der Braut und dem Bräutigam Komplimente, sagen Sie, was für reizende Menschen die beiden sind und welch glückliche Zukunft auf sie wartet. Dann kämpfen Sie kurz gegen Ihre Tränen an, schließlich erheben Sie Ihr Glas und stoßen auf das Paar an. Das sollte nicht länger als eineinhalb Minuten dauern, und am besten hält einer der anderen Gäste eine Stoppuhr bereit. Sobald Sie die neunzig Sekunden überschreiten, sollte der Stoppuhrträger das Recht haben, Sie zu unterbrechen und Sie notfalls mit einem Abschlepphaken von der Bühne zu holen – oder einen Betäubungspfeil auf Sie abzuschießen. Das Schlimmste, was Sie sich herausnehmen können, ist ein Missbrauch der Ansprache, um sich über das glückliche Paar lustig zu machen. Es ist sehr schwierig, so was humorvoll rüberzubringen, wenn Sie keine Erfahrung als Komiker haben.

Beispiel für eine akzeptable Ansprache beim Probedinner

Wenn ich alle einmal kurz um Aufmerksamkeit bitten dürfte … Bitte, bitte, trinkt ruhig weiter, umso eher werdet ihr glauben, ich wäre ungeheuer witzig. *(Pause für Lacher)* Seht ihr? Tommy, könntest du die Stoppuhr starten? Ich möchte nicht länger als eineinhalb Minuten reden. Läuft? Gut, dann werde ich mal loslegen. Ich erhebe mein Glas auf die Braut und den Bräutigam und erzähle das, was ihr alle ohnehin schon wisst – nämlich, dass die beiden ein außergewöhnliches Paar sind, das mich jeden Tag aufs Neue mit Stolz erfüllt, und zwar mit so viel Stolz, dass ich die Gelegenheit nutzen möchte, um etwas bekannt zu geben: Ich spendiere ihnen die Flitterwochen, Flug erster Klasse, Fünf-Sterne-Hotel und alles, was dazugehört. Und ein Taschengeld gibt's auch noch obendrauf. Aber vergesst nicht, jedem von uns ein Souvenir mitzubringen. Nein, das war nur ein Scherz. Ich sage euch, ich werde fuchsteufelswild werden, wenn ich von euch mehr bekomme als eine Ansichtskarte! Jawohl, Kinder, das ist ein kleines Geschenk von mir, um euch zu danken … *(kurze Pause, um Tränen wegzuwischen oder gegen Tränen anzukämpfen)* … um euch zu danken, dass ihr so seid, wie ihr seid. *(Pause, damit alle anderen ein paar Tränen vergießen können, dann das Glas erheben)* Auf die Braut und den Bräutigam.

Beispiel für eine schreckliche Ansprache beim Probedinner

Wenn mal bitte alle herhören würden! Hey, ihr sollt herhören! *(Kuhglocke läuten)* Ha! Wusste ich doch, dass ich so was brauche! Ich sagte mir: ‚Hey, du musst bestimmt LAUTER MIT DER

KUHGLOCKE LÄUTEN!‘ Haha! Bevor ich ein paar Worte über das reizende Paar verliere, von dem ich dafür übrigens ein angemessenes Honorar erwarte – haha! –, möchte ich eine kleine Nummer testen, die ich ausgearbeitet habe. Und wenn ihr mir schon mal zuhört, dann kann ich euch auch gleich zu meinen Versuchskaninchen machen. Später könnt ihr damit angeben, dass ihr meinen ersten Auftritt miterlebt habt! Es dauert nur zehn Minuten, keine Angst. Also, Leute, findet ihr das nicht auch seltsam, dass Frauen einmal im Monat so richtig nervig sind? Jungs, ihr wisst ja, was ich meine ... (neuneinhalb Minuten später) ... und ich antworte: „Genau das Gleiche hat der Papagei auch gesagt.“ Leute, das nenne ich eine Pointe. Also, vielen Dank, dass ihr mir zugehört habt. Ich werde den Kellnern sagen, dass sie wieder Wein servieren sollen. Ich wollte nur nicht, dass ihr abgelenkt werdet. Ihr wisst ja, wie lästig Kellner manchmal sein können. Aber mal ernsthaft. Ich möchte euch alle wissen lassen, wie glücklich ich bin, dass die beiden sich gefunden haben. In jedem Fall muss es für sie eine Erleichterung sein zu wissen, dass sie nicht einsam und allein sterben werden, außer natürlich sie lassen sich vorher scheiden. Ihr habt doch einen Ehevertrag unterschrieben, oder? Gut so. So, jetzt hab ich aber genug über die beiden geredet. Wenn ihr mehr von meiner Nummer hören wollt, dann findet ihr mich drüben an der Bar. Haha! Also hoch mit den Wassergläsern, damit wir auf Braut und Bräutigam anstoßen können.

Nach dem Probedinner

Nach dem Probedinner können Sie alle in die nächste Kneipe gehen und sich besaufen, wenn Ihnen danach der Sinn steht. Aber vermutlich werden Sie sich um Onkel Derek kümmern müssen, der inzwischen längst seine Entscheidung bedauert, sich auf diese Weise geoutet zu haben. Lassen Sie ihn wissen, dass seine Ansprache die interessanteste des ganzen Abends war, und so heikel das auch sein mag, versuchen Sie ihm klarzumachen, dass seine Enthüllung eigentlich keine große Überraschung war. Außerdem sollten Sie ihm dankbar sein, da er sich den größten Fauxpas an diesem Abend geleistet hat, weil der von der Tatsache abgelenkt hat, dass Sie es für witzig hielten, mit Ihrem neunzehn Jahre alten Neffen auf dem Parkplatz mit dem Schlüssel Autos zu zerkratzen. Keine Sorge, es wird nicht peinlich werden, wenn Sie sich das nächste Mal begegnen ... was schon am folgenden Tag bei der Hochzeit der Fall sein wird. Da wird er sich Ihnen gegenüber sehr vertraut geben, da er nun glaubt, dass Sie beide dicke Freunde sind. Sie können überlegen, ob Sie ihn links liegen lassen, da Sie sich sagen, dass er sowieso unwichtig ist. Ja, das könnte ihn zwar verletzen, aber auf diese Weise fällt es Ihnen leichter, den Zwischenfall auf dem Parkplatz zu leugnen. Vermutlich werden Sie seinen Eltern sogar erzählen, wie Sie ihn dabei erwischt haben, als er auf dem Parkplatz mit einem Schlüssel Autos zerkratzte, anstatt einzugestehen, dass Sie daran beteiligt waren. Ja, so etwas besitzt das Potenzial, Ihren Neffen ganz gewaltig zu verkorksen, aber wenigstens ist es nicht Ihr eigenes Kind, und das ist dabei das Wichtigste.

Hochzeit

Jetzt ist es offiziell. Ihr Kind wird nicht allein sterben. Es sei denn, die beiden lassen sich scheiden, oder sein Partner stirbt vor ihm. Aber Sie wissen schon, wie das gemeint ist.

Bei der Hochzeit meiner Schwester hielt mein Vater folgende Ansprache: „Wir sind alle sehr stolz auf Laura. Sie ist die beste Medizinstudentin ihres Jahrgangs, spricht fünf Sprachen und ist ein liebevoller und fürsorglicher Mensch. Jim kann sich sehr glücklich schätzen, dass er sie geheiratet hat. Jim ist außerdem ein ‚Schauspieler'. Und er ist Jude. Jedenfalls liebe ich meine Tochter.“

„S.W.W.“

Wenn das Probedinner hinter Ihnen liegt, wird es Zeit für die Hochzeit. Sie meinen, das Probedinner hat Sie schon zu einem emotionalen Wrack gemacht? Na, da sind Sie aber ziemlich schief gewickelt, denn die richtige Achterbahnfahrt Ihrer Gefühle liegt noch vor Ihnen. Natürlich wird es Ihnen zu schaffen machen, wenn Sie sehen, wie Ihre Tochter heiratet. Aber verkneifen Sie sich bitte spontane Krankheitsbilder, die durch emotionale Unausgewogenheit verursacht werden, zum Beispiel hysterische Blindheit oder der plötzliche Verlust des Sprech- oder Hörvermögens. So was will keiner auf seiner Hochzeit mitmachen müssen. Zugegeben, Sie könnten dann vor dem

Standesamt und dem Restaurant Ihren Wagen auf dem Behindertenparkplatz abstellen, aber das ist die Sache nun wirklich nicht wert.
Versuchen Sie einfach, Ruhe zu bewahren. Denken Sie immer daran, es handelt sich um ein freudiges Ereignis. Zumindest ist das zu hoffen. Nicht, dass Ihre Tochter sich in einen Häftling verliebt hat, und nach einer sechs Monate währenden Brieffreundschaft stehen Sie jetzt alle hier versammelt und sehen mit an, wie Ihre Tochter einen Strafgefangenen heiratet, während jeder von ihnen eine Hand an die unzerbrechliche Plexiglasscheibe zwischen ihnen legt. Ob die Hochzeit nun in einer Kirche oder in einem Hochsicherheitsgefängnis stattfindet, in jedem Fall sollten Sie sich besser mit ein paar Atemübungen vertraut machen. Es sollte sich um leise, dezente Übungen handeln, damit sich der Geistliche während der Trauung nicht gestört fühlt. Das Gleiche gilt für das Brautpaar, wenn jeder von ihnen das Ehegelübde spricht – auch wenn es ein schrecklich langatmiges Gelübde ist, weil die beiden es selbst geschrieben haben. Aber falls Ihre Tochter tatsächlich einen Häftling heiratet, ist es vielleicht gar nicht so schlecht, lautere Atemübungen zu machen, vor allem wenn der Bräutigam erklärt: „Ich schwöre, jedem die Fresse zu polieren, der dich schief anschaut."
Bleiben Sie konzentriert, und lassen Sie sich durch nichts um Sie herum ablenken. Das ist jetzt nicht der richtige Augenblick, um zu bemerken, dass Sie taubenweiße Blumen bestellt haben, aber keine eierschalenweißen, und erst recht nicht der richtige Augenblick, um über diese Feststellung in Rage zu geraten und mit

dem Gebetbuch auf die eierschalenweißen Blumen einzuschlagen. Die Leute könnten glauben, Ihr Missfallen richte sich gegen die Hochzeitszeremonie, nicht aber gegen die Farbe der gelieferten Blumen. Die Leute könnten auch glauben, Sie seien verrückt, aber was wissen die schon? Es geht hier schließlich um mangelnde Professionalität des Blumenhändlers und um das völlig unpassende Eierschalenweiß, das ein Taubenweiß hätte sein sollen. Das muss doch wohl jedem auffallen, oder etwa nicht?

Betrachten Sie nur das glückliche Paar, und denken Sie über nichts anderes nach. Denken Sie nicht an Ihre eigene gescheiterte Beziehung. Schauen Sie nicht zu Ihrem Ex, der Händchen haltend mit seiner neuen Flamme dasitzt, während Sie von dem frisch geouteten Onkel Derek begleitet werden. Fragen Sie sich nicht, was das wohl zu bedeuten hat. Überlegen Sie nicht, ob Sie fehl am Platz sind, ob es ein Fehler war, sich von Ihrem Mann zu trennen, und wie unhöflich es von ihm ist, seine neue Freundin mitzubringen, mit der er gerade mal seit vier Monaten zusammen ist und die zweiundzwanzig Jahre jünger ist als er. Denken Sie nicht, dass Sie es genauso machen würden, wenn Sie einen so attraktiven neuen Partner hätten. Überlegen Sie auch nicht, ob Ihr Ex diese außerordentlich heiße Frau vielleicht nur mitgebracht hat, um Sie eifersüchtig zu machen, weil das zeigen würde, dass er Sie eigentlich zurückgewinnen möchte. Immerhin waren Sie beide dreißig Jahre lang verheiratet und haben zwei gemeinsame Kinder, von denen eines in diesen Minuten heiratet. Entschließen Sie sich trotz dieser Argumentation nicht, mitten während der Zeremonie eine wagemutige romantische Geste in seine Richtung zu machen und sich in dem Moment, in dem die Ringe getauscht werden, zu Ihrer unsterblichen Liebe zu ihm zu bekennen. Brechen Sie nicht in Tränen aus und reißen Sie nicht diesen verdammten eierschalenweißen Blumen die Blüten ab, wenn Ihr Ex verneint und erklärt, dass er Sie nicht mehr liebt, sondern demonstrieren Sie ein Minimum an Anstand. Versuchen Sie nicht, seiner neuen Freundin ins Genick zu schlagen, wenn sie die Nase rümpft und „Eklig" sagt, weil Sie in Tränen ausbrechen. Zwar wäre das eine wirklich spektakuläre Methode, um Ihrer Tochter ein letztes Mal so richtig eins reinzuwürgen, aber das würde dem Prozess der allmählichen Abnabelung widersprechen, den ich zuvor angesprochen hatte. Wenn Sie allen Ernstes die Ära des Verkorksens zu ihrem Ende bringen wollen, sobald Ihre Tochter das Jawort gesprochen hat, dann können Sie der Freundin Ihres Ex später am Abend immer noch versehentlich Rotwein über ihr Kleid schütten. Machen Sie das aber bitte nicht in der Kirche, es sei denn, Sie wohnen einer katholischen Messe bei und empfangen die Kommunion. Dann können Sie ihr das Blut Christi übers Kleid schütten, wenn sie gerade am Altar neben Ihnen steht.

Wenn die Hochzeit auf dem Anwesen der künftigen Schwiegereltern stattfindet, vergessen Sie nicht, den Gastgebern ein Kompliment zu machen, denn wenn sie so ein großes Haus besitzen, dass dort Platz genug für alle Hochzeitsgäste ist, mit einer passenden Anzahl an Brunnen und Statuen nackter Frauen, dann müssen sie Kontakte zur Mafia haben. Nehmen Sie sich vor herauszufinden, warum und wieso Ihr künftiger Schwiegersohn etwas mit der Mafia zu tun hat. Aber machen Sie keine große Sache daraus, schließlich wollen Sie Ihre Nase doch nicht in deren Angelegenheiten stecken. Vielmehr sollten Sie sich damit begnügen, das Ganze als eine gute Sache zu betrachten. Ja, ich weiß, die Mafia blickt auf eine lange Tradition aus Gewalt und illegalen Aktivitäten zurück, aber viele Menschen werden von der Mafia gut behütet, solange sie nicht neugierig werden und herausfinden wollen, warum der Schwiegersohn Kontakte zur Mafia aufnimmt. Dann enden sie bei den Fischen – weil sie ihren Job als hoch bezahlter Anwalt verlieren und eine Anstellung als Fischhändler annehmen müssen. Sie hassen Fisch, sogar den vornehmen Sushi, also lassen Sie die Sache mit der Mafia einfach auf sich beruhen.

Was die Geschenke für Braut und Bräutigam angeht, sollten Sie sich die Freiheit herausnehmen, die Wunschliste zu ignorieren und stattdessen etwas Einzigartiges und ganz Besonderes zu schenken. Es sollte etwas sein, was später einmal als Erbstück weitergereicht wird, aber nicht eines dieser altmodischen Erbstücke wie zum Beispiel ein Kranz, der aus den Haaren eines Vorfahren geflochten wurde. So was ist gruselig und eklig zugleich. Vielleicht eher ein goldenes Cricket-Set mit einem geprägten Familienwappen auf jeder Kugel. Wenn Sie noch kein Wappen haben, wäre das der geeignete Anlass, um eines zu entwerfen. Damit stellen Sie Ihre künstlerischen Fähigkeiten unter Beweis, gleichzeitig erzeugen Sie einen Hauch von Aristokratie und lenken davon ab, dass Ihre Vorfahren noch Bergarbeiter waren. Das ist natürlich nichts, wofür Sie sich schämen müssen, außerdem können Sie Kohlestücke und Spitzhacken in das Familienwappen einbeziehen. Aber weil die Cricket-Kugeln so klein sind, werden Kohle und Spitzhacke wie Reichsapfel und Zepter aussehen, und Sie sollten die Leute nicht auf diesen Irrtum hinweisen.

An dieser Stelle wird mal ein Lob fällig. Sie können sich auf die Schulter klopfen und sich beglückwünschen, weil Sie ganze Arbeit geleistet und Ihr Kind bis zu dem Punkt im Leben gebracht haben, an dem es bereit ist, sich so sehr für einen anderen Menschen zu interessieren, dass es sogar willens ist, eine Hochzeit zu planen und in die Tat umzusetzen. Ja, dieser andere Mensch mag Ihr Kind nur benutzen, um eingebürgert zu werden, aber Ihr Kind mag ja tatsächlich so etwas wie Liebe empfinden, was vor allem am Akzent dieses Menschen liegen könnte.

Schwangerschaft

O Schreck!

Zu der Zeit, da ich diese Zeilen schreibe, bin ich nicht schwanger. Glaube ich jedenfalls. Shit.

„Sarah W. Walker"

Angesichts der neuen Regel, dass Achtundzwanzig die neue Einundzwanzig ist, hat der Gedanke etwas Beunruhigendes, dass Ihre Tochter schwanger ist bzw. Ihr Sohn Vater werden wird. In den meisten Fällen sind junge Menschen um die zwanzig noch gar nicht für ein Kind bereit, auch wenn sie sich womöglich damit trösten, dass Frauen in früheren Zeiten vor allem im Alter von dreizehn bis fünfzehn Jahren Kinder bekamen. Wenn Ihre Tochter so denkt, sollten Sie sie allerdings besser darauf aufmerksam machen, dass die Menschen in jener Zeit nicht älter als 35 wurden.

Aber vielleicht will Ihre Tochter ja auch ein Kind bekommen und hat es irgendwie geschafft, seit fünf Jahren glücklich verheiratet zu sein. So was Idiotisches. Falls die Schwangerschaft nicht geplant war, können Sie Ihrer Tochter Mut zusprechen, indem Sie erklären, dass die Einnahme von Verhütungsmitteln oder die Verwendung von Kondomen für die Gesundheit erheblich schädlicher ist als ein süßes Baby!

Hier noch einige Tipps mehr, wie Sie Ihrem beunruhigten Sohn[1] bzw. Ihrer Tochter Trost zusprechen können.

1. Machen Sie Ihrer Tochter klar, dass Sie zu der Zeit, als Sie mit ihr schwanger waren, fünfundzwanzig waren und im sechsten Semester Jura studierten und die Prüfungen liefen. Wenn Ihre Tochter daraufhin beschließt, Jura zu studieren und das Studium in den nächsten neun Monaten durchzuziehen, um dann eine erfolgreiche Karriere zu starten, anstatt eine „Künstlerin" zu sein, dann hätten Sie dagegen überhaupt nichts einzuwenden. Wissen Sie was? Das ist gar kein richtiger Ratschlag, den müssen Sie also nicht an Ihre Tochter weitergeben.

2. Bereits in jungen Jahren ein Kind zu bekommen, ist eine gute Sache, weil die globale Erwärmung so schnell voranschreitet, dass das Kind so lange wie möglich etwas von seiner Mutter hat, ehe wir alle dahinschmelzen.

3. Die Freundinnen Ihrer Tochter werden ihr alle dankbar sein, weil sie so viel für deren Leben tut. Wenn sie alle gemeinsam

[1] *Ihr Sohn ist natürlich nicht schwanger, es sei denn, er ist in eine Art Junior-Situation geraten. Junior ist ein Film mit Arnold Schwarzenegger und Emma Thompson, in dem Arnold Schwarzenegger schwanger wird (da hat tatsächlich Emma Thompson mitgespielt?). Wäre das der Fall, hätte Ihr Sohn allen Grund, beunruhigt zu sein. Nein, Ihr Sohn hat natürlich seine Freundin/Frau geschwängert und ist beunruhigt, obwohl ich davon überzeugt bin, dass er die volle Verantwortung übernehmen und sich rührend um seine Freundin/Frau kümmern wird.*

in eine Kneipe gehen, dann kann Ihre Tochter ihr Kind hineinschmuggeln, und alle Frauen in der Kneipe zeigen ihren Freunden das Baby, woraufhin diese Freunde völlig fasziniert davon sind, wie viel Bier das Kind trinken kann. Die Freunde wollen dann auch alle ein Baby und gehen daraufhin mit den Freundinnen Ihrer Tochter nach Hause.

4. Erinnern Sie sich noch an das tanzende Baby aus der Serie *Ally McBeal*? Nun, Sie können Ihre Tochter beruhigen, dass ihr Baby nicht so aussehen wird wie das tanzende Baby, und es wird auch nicht tanzen. Und Vonda Shepard wird auch nicht die Musik zum Leben des Babys liefern, wie das bei *Ally McBeal* der Fall war, also muss sich Ihre Tochter gar keine Sorgen machen.

5. Babys werden irgendwann erwachsen, und dann werfen sie ihren Eltern ständig vor, von ihnen verkorkst worden zu sein, aber im gleichen Atemzug verlangen sie, dass Sie ihnen die Miete bezahlen. Ist das nicht toll?

So, so, Sie sind also ein Promi

Wenn Sie kein Promi sind, dann lesen Sie das nicht

Rufen Sie mich an: 001-646-555-1802
Sarah Winston Walker, Autorin dieses Buches

Zuerst einmal möchte ich Ihnen sagen, dass ich Ihre Arbeit liebe. Ich weiß, Sie mögen es nicht, wenn Leute Sie ansprechen, aber ich bin auch ein bisschen prominent, weil ich jetzt ein Buch geschrieben habe. Also ist das okay. Wie gesagt, ich bin ein großer Fan von Ihnen, aber weil Sie ein so toller Promi sind und Ihr Leben in etwas kräftigeren Technicolor-Farben leben als wir anderen Menschen, hatten Sie auch häufiger als durchschnittliche Eltern die Gelegenheit, Ihr Kind zu verkorksen. Sorry, aber so ist es nun mal. Die einzige Ausnahme von dieser Regel ist Meryl Streep, weil sie einfach perfekt ist. Aber wenn Sie sonst jemand auf der Promi-Liste sind und wenn wegen Ihrer eigenen Bekanntheit auch Ihr Kind im Rampenlicht steht, dann ist es zusätzlich in den Arsch gekniffen, und das wird auch eine ganze Weile so bleiben. Auch hier muss ich sorry sagen, aber es ist sehr schäbig von Ihnen, wegen Ihrer mäßigen oder großen Erfolge Ihr nichtsahnendes Kind in den Mittelpunkt des öffentlichen Interesses zu rücken, ohne Ihr Kind entscheiden zu lassen, ob es das überhaupt will. Egal ob Sie die Rechte an den Babyfotos meistbietend verkauft haben; ob Sie Ihr Kind zum Kindermodel machen, damit es für die von Ihnen entworfene Kleidung wirbt; ob Sie Ihr inzwischen wieder geschlossenes Restaurant nach Ihrem Kind benannt haben; ob Sie es als menschlichen Schutzschild benutzt haben, um den Paparazzi eins auszuwischen – in jedem Fall haben Sie Ihrer Karriere den Vorzug gegeben. Das ist cool, viele Leute machen das so, aber Sie sind prominent, verdammt noch mal. Lassen Sie ein bisschen Anstand erkennen. So ein Karrieredenken kann man von Anwälten und Ärzten erwarten, die immer nur arbeiten und sich nicht um ihre Kinder kümmern, aber Sie als Promi müssen anderen Erwartungen gerecht werden.

Danke übrigens, dass Sie mein Buch lesen, und erzählen Sie doch bitte Ihren Promi-Freunden davon. Wenn Sie mit mir persönlich darüber reden möchten oder sich für die Filmrechte interessieren, dann können Sie über meinen Verlag mit mir Kontakt aufnehmen. Ich würde ja meine Adresse hier abdrucken, aber ich möchte nicht, dass plötzlich Nicht-Promis bei mir vor der Tür stehen. Normale Menschen sind einfach so *unberühmt*.

Ich möchte auch etwas klarstellen: Ich bin mir sicher, dass ich nach dem Erscheinen dieses Buches auch Promi-Luft schnuppern werde, immerhin wird es wohl wegen seiner kontroversen Ansichten und wegen seiner generellen Erstaunlichkeit für leichte bis schwere Aufregung sorgen. Aber ich habe keine Kinder, und wenn ich mich entschließe, auf dem Sunset Boulevard betrunken im Gegenverkehr zu fahren, weil ich auf dem Weg zu Jay Leno bin, um in seiner Show ein (wegen meines vorherigen Alkoholkonsums) peinliches Interview zu absolvieren, dann ist das mein gutes Recht, und niemand außer mir wird davon betroffen sein ... außer meiner Familie und meinen Fans. Aber ich kann allen versichern, dass darunter weder der Verkauf des Buches noch mein nichtexistentes Kind leiden werden. Ich möchte auch noch betonen, dass ich lieber in den Shows von Letterman oder Conan O'Brien aufgetreten wäre, aber man muss das machen, was der Agent einem sagt. Promi zu sein ist wirklich eine schwere Last. Jedenfalls stelle ich mir das so vor.

Wenn man erst mal Promi mit einem erwachsenen Kind ist, dann kann man nur zu Gott beten, dass dieses Kind auf eigenen Beinen stehen und aus eigener Kraft Karriere machen wird. Wahrscheinlich wird dieses Kind aus Ihrem bekannten Namen Kapital schlagen und ein mäßig erfolgreicher Film- oder Rockstar werden. Oder Ihr Kind schreibt ein Buch darüber, wie es ist, das Kind eines Promis zu sein. Sie können es drehen und wenden, wie Sie wollen, Ihr Kind wird sich so oder so an den Erfolg Ihres Namens hängen. Selbst wenn Ihr Kind einen anderen Nachnamen annehmen sollte, werden die Leute wissen, dass es Ihr Kind ist, und es deswegen unter Vertrag nehmen. Das berühmteste Beispiel dafür ist – wie jeder weiß – die Entscheidung von Regisseur M. Night Shyamalan, die Hauptrolle in *The Village* ohne das sonst übliche Vorsprechen mit Bryce Dallas Howard zu besetzen, nachdem er sie in einer Produktion von *Wie es euch gefällt* gesehen hatte. Dass sie die Tochter von Regisseur Ron Howard ist, war ihm da überhaupt nicht bewusst gewesen. Ja, genau. Kauf ich ihm so ab. Falls Sie jetzt übrigens glauben, ich hätte aus dem Namen meines Vaters Kapital geschlagen, dann irren Sie sich gründlich. Sicher, mein Vater Nicholas Walker hat von 1989 bis 1990 in *General Hospital* mitgespielt, und er war in einer Episode von *Melrose Place* zu sehen, außerdem im unbestreitbar besten Lifetime-Film aller Zeiten, *Callgirl nach Schulschluss*, aber ich habe bei keinem potenziellen Arbeitgeber, Verleger oder Freund mit seinem Namen angegeben.[1]

Eine Nachricht von Stephen Walker, seit ein paar Sekunden quasi ein Promi

Hier ist Stephen Walker, der Vater der Autorin Sarah Walker. Da ich jetzt auch prominent bin, möchte ich einige Worte an die Promis richten, die soeben den letzten Absatz des für sie bestimmten Kapitels gelesen haben. Alle anderen können jetzt das Buch weglegen und sich in ihrem Wohnwagen vor den Fernseher setzen. Ich meine keinen von diesen riesigen Wohnwagen, in denen Filmstars die Zeit zwischen zwei Szenen am Set verbringen, sondern diese Wohnwagen, in denen die Nichtpromis leben. Diese letzten Sekunden, in denen ich zum Promi geworden bin, waren richtiggehend überwältigend, deshalb kann ich nachempfinden, wie es Ihnen ergangen ist und dass es manchmal beschwerlich ist, nicht einfach nur Mom oder Dad, sondern richtig prominent zu sein. Da ich aber schon länger Vater eines Promis

[1] *Nicholas Walker ist nicht mein Vater. Ich habe das nur gesagt, um meine Theorie zu untermauern. Mein Vater heißt Stephen Walker. Da er nun in diesem Buch genannt wird, ist er auch eine Art Promi. Aber Sie können mir glauben, dass ich aus seiner Bekanntheit kein Kapital schlagen werde, wo ich selbst ihn doch gerade eben erst prominent gemacht habe. Wussten Sie übrigens, dass Stephen Walker mein Vater ist? Er wird in dem vorliegenden Buch erwähnt. Ist schon eine coole Sache, einen prominenten Dad zu haben. Aber ich habe ganz ohne seine Hilfe Karriere gemacht.*

als selbst ein Promi bin, möchte ich ein paar Worte an die anderen Eltern von prominenten Kindern richten.

Als Sarah mit der Arbeit an diesem Buch begann und ihren kommenden Ruhm vorausahnte, benahm sie sich fast unerträglich. Sie behandelte mich wie einen Lakai. Als ich schließlich zu ihr sagte: „Hör auf, mich wie deinen Lakai zu behandeln“, da fand sie an dem Wort „Lakai“ so großen Gefallen, dass sie mich von da an nur noch mit „Lakai“ ansprach. Ich weigerte mich beharrlich, darauf zu reagieren, sodass wir sechs Monate lang kein Wort wechselten. Schließlich lenkte sie ein und nannte mich wieder „Dad“. Ja, sie spricht „Dad“ auf sehr sarkastische Art aus, mehr wie „Daaaaa-aaaaad“, während sie die Augen verdreht, aber immerhin spricht sie mich wieder richtig an. Mein Ratschlag an Sie ist: Lassen Sie Ihrem prominenten Kind nichts durchgehen. Ihr Kind darf nie vergessen, dass Ruhm etwas Flüchtiges und Vergängliches ist, und erst recht ist Ruhm kein Grund, sich wie ein Arsch aufzuführen, schon gar nicht gegenüber den eigenen Eltern, ohne die dieses Kind überhaupt nicht existieren würde. Tut mir leid, aber jetzt muss ich Sarah einen Caffè latte und eine Bloody Mary bringen. Wenn sie schreibt, verzichtet sie nur ungern auf Koffein und Alkohol, trotzdem weigert sie sich, Red Bull und Wodka zu trinken. Ach, dieses verrückte Kind!

Daaa-aaad. Das reicht jetzt. Niemand will wissen, was du denkst. Es stimmt allerdings: Ich mag es, meinen Caffè Latte und meine Bloody Mary gleichzeitig zu trinken, weil ich dann im Erteilen von Ratschlägen unschlagbar bin. Das ist äußerst unorthodox, aber wir Promis sind halt ein exzentrisches Völkchen. Na ja, um das wirklich zu verstehen, muss man wohl selbst prominent sein. Wichtige Menschen aus der Weltgeschichte, die tolle Eltern hatten, und einige andere Leute mit tollen Eltern, die Sie vermutlich nicht kennen:

NAPOLEON BONAPARTE: Seine Eltern sagten ihm, er sei der einzige Normalwüchsige einer Rasse von Giganten mit Gendefekt. Das verlieh ihm das nötige Selbstvertrauen, um Kriege zu beginnen, zu heiraten und einen ganzen Komplex nach sich benennen zu lassen. Ich bin mir sicher, dass seine Eltern ihm auch noch Geld gegeben haben.

ANNABELLE JENKINS (ich glaube, die kennen Sie nicht): Ihre Eltern haben ihr jene Werte vermittelt, die in den Vierzigerjahren des 19. Jahrhunderts Gültigkeit hatten. Als Folge davon bedeckt sie bis auf das Gesicht immer den gesamten Körper, und wenn sie das Haus verlässt, trägt sie einen Sonnenschirm. Deshalb ist ihre Haut auch so taufrisch.

KATHARINA DIE GROSSE: Ihre Eltern nannten sie „die Große“. Damit dürfte alles gesagt sein.

TODD BLACK (den kennen Sie bestimmt auch nicht): Sein Dad nahm ihn mit nach Malaysia, wo er sich von einem Eingeborenen tätowieren ließ. Dieses Tattoo macht ihn unglaublich sexy, weshalb er immer von irgendwelchen Frauen begleitet wird und nie allein ist.

HEINRICH VIII.: Heinrich schöpfte genügend Selbstvertrauen aus der Tatsache, der Achte zu sein, dass er eine Religion schuf und insgesamt ganze sechs Ehefrauen hatte! Jedenfalls bis zu dem Moment, da er sie enthaupten ließ. Danach waren sie nicht mehr ganz. *(Pause für einen herzhaften Lacher).* Seine Eltern machten ihn auch zum König und versorgten ihn mit Geld, Macht und Prestige.

EMILY BIGGS (meine Mitbewohnerin während der College-Zeit): Sie ist in einer Band mit ihren Eltern, die sich Emily and the Biggs nennt. Die Band hat großen Erfolg und tourt in einem riesigen bemalten Bus durch die Staaten. Dass ihre Eltern die Band nach ihr benannt haben, zeugt von deren Vertrauen in ihre Fähigkeiten als Sängerin und Songschreiberin, das sie dazu gebracht hat, wirklich innovative Musik zu schaffen.

WOLFGANG AMADEUS MOZART: Seine Eltern setzten seinen Vornamen aus zwei ziemlich üblen Begriffen zusammen, „Wolf" und „Gang", außerdem schenkten sie ihm ein ganz winziges Spinett, als er noch ein kleines Kind war, weil sie wussten, dass Schroeder seine liebste Figur bei den Peanuts war.[2] Weil die Eltern darauf achteten, was ihrem Sohn gefiel, konnte sich eines der bedeutendsten musikalischen Genies aller Zeiten überhaupt erst entfalten.

LANA SULLIVAN (vielleicht kennen Sie sie von dieser einen Fernsehsendung): Ihre Eltern haben ihr eine Insel geschenkt, und jetzt ist sie glücklich.

[2] *Mozart hat sich nie daran gestört, dass Schroeders Lieblingskomponist Beethoven war, weil er von seinem eigenen Talent überzeugt war. Seine Eltern förderten ihn, wo sie nur konnten, und ließen ihn jeden Tag Spinettunterricht nehmen.*

J. K. ROWLING: Ihre Eltern schickten sie auf eine Zauberschule, wo sie einfach nur alles aufschrieb, was sie dort erlebte. Anschließend verkaufte sie ihre Memoiren für Hunderte von Millionen Dollar.
GERTRUDE BRANTLEY (ich weiß nicht, ob Sie sie kennen, aber ich bin ihr mal auf einer Party begegnet): Ergötzt sich an Torten und Kuchen, die ihre Mutter für sie zubereitet und ihr in regelmäßigen Abständen als Fresspakete schickt. Die Leute reisen meilenweit an, um von diesen Torten und Kuchen zu essen, während sie mit ihr über die Liebe, das Leben und die Literatur diskutieren. Sie ist für ihre Torten-und-Kuchen-Salons bekannt.
PETER DRYDEN (mit ihm freundete ich mich bei meinem ersten Job an): Sein Vater machte ihn mit der Formulierung „Das ist in meinem Ruderhaus“ bekannt, die er mit großem Erfolg bei Bewerbungsgesprächen einsetzt. Falls Sie es noch nicht wussten oder – so wie ich – dachten, das sei eine erfundene Formulierung: Anstelle von „Mir gefällt die Musik von Sam Cooke“ können Sie auch „Sam Cooke ist in meinem Ruderhaus“ sagen.

Nun wollen wir alle gemeinsam weinen

Ich möchte Ihnen allen danken, dass Sie mich auf dieser schwierigen, letztlich aber lohnenswerten Reise begleitet haben. Vieles wurde in den vorangegangenen Kapiteln gesagt, das Ihnen Angst macht oder Sie verwirrt. Sie stellen sich womöglich die Frage, warum es so scheint, als hätte ich dieses Buch in Echtzeit geschrieben, und wieso ich schriftliche Unterhaltungen mit Freunden und Verwandten führen kann, ohne dass das von einem Redakteur noch einmal bearbeitet werden muss. Wenn das der Fall ist, dann stellen Sie eindeutig zu viele Fragen, und ich kann veranlassen, dass Sie ermordet werden. Nein, nein, das war nur ein Scherz. Nein, ganz ehrlich, hören Sie auf, so viele Fragen zu stellen. Glauben Sie einfach, dass ich immer recht habe und nichts verkehrt machen kann. Genau dieses Gefühl sollten Sie auch Ihrem Kind vermitteln.

Bevor dieses Buch zu Ende ist, möchte ich gern noch einige Worte dazu sagen, was Sie tun können, damit Ihre neu entdeckte wundervolle Beziehung zu Ihrem Kind von langer Dauer ist. Es kann sein, dass Sie auf eine Sauftour gehen, sobald Sie das Buch weggelegt haben, weil Sie sich als gute Eltern feiern wollen. Aber so wie alle Sauftouren wird auch diese ein Ende haben, und dann stehen Sie mit einem Kater und einer leeren Brieftasche da. Gehen Sie es langsam an. So wie alles Neuerlernte dauert es eine Weile,

bis Sie die Beziehung zu Ihrem Kind neu ausgerichtet haben. Das ist das Gleiche wie bei den Krokodillederstiefeln oder den Chinchilla-Handschuhen, die für Ihr Kind genau richtig wären.
Letzten Endes sollte Ihnen klar sein, dass Ihr Kind Sie liebt und alles zu schätzen weiß, was Sie getan und gesagt haben, noch mehr aber das schätzt, was Sie nicht gesagt oder getan haben. Ich glaube, es war Dschingis Khan, der einmal sagte, dass Taten mehr sagen als Worte. Wenn Sie den Wunsch verspüren, sich in das Leben Ihrer Kinder einzumischen, dann denken Sie an Dschingis Khan und dieses Buch und warten Sie einfach, bis Sie sich wieder beruhigt haben. Ihr Kind macht sich gut, und Sie haben ihm geholfen, zu jenem genialen, attraktiven, belesenen, mitfühlenden, idealistischen, mutigen, beliebten, spaßigen Menschen heranzuwachsen, der aus ihm geworden ist. Und wenn keine von diesen Eigenschaften zutrifft, dann haben Sie halt Pech gehabt. Vielleicht ist Ihr Kind ja ein Loser. Daran können Sie und ich auch nichts mehr ändern. Meine Güte, Ihr Kind ist über zwanzig, es kann ja wohl endlich etwas Eigenverantwortung übernehmen! Werdet endlich erwachsen, ihr Bälger! Wissen Sie, womit man Kinder perfekt dazu motiviert, erwachsen zu werden? Mit Geld.
Nein, nein, tut mir leid. Sie und Ihr Kind müssen gemeinsam an so etwas arbeiten, ganz egal wie alt es ist. Schließlich ist es Ihr eigen Fleisch und Blut, und Sie haben nur einander, niemanden sonst. So, und jetzt kommen Sie her. Na, kommen Sie schon. Nur eine kurze Umarmung. Na bitte, geht doch. Sie dürfen auch ruhig weinen, das tut Ihnen gut.

Eine Nachricht der Autorin

Ich noch mal! Ich habe das Gefühl, Sie vertrauen mir inzwischen in einem solchen Maß, dass ich mich Ihnen gegenüber wirklich öffnen kann. Meine bisherigen Nachrichten an Sie haben nie mein wahres Ich gezeigt. Na, vielleicht doch. Aber machen Sie sich nun darauf gefasst, dass ich mich vor Ihnen auf eine Weise entblöße, wie ich es noch nie getan habe. Ich habe acht Monate lang hart an meinem Körper gearbeitet, um Ihnen nun mein Ganzkörper-Nacktfoto zu präsentieren. Seien Sie also bereit, jetzt ... oh, entschuldigen Sie. Mir wurde soeben mitgeteilt, dass ein Aufklappbild von mir von „schlechtem Geschmack" zeugt. Geben Sie meinem Verleger die Schuld, dass Ihnen dieses Foto nun vorenthalten bleibt.

Tja, dann werden wir wohl etwas weniger intim fortfahren müssen. Ich weiß allerdings nicht, was ich jetzt mit meinem perfekt durchtrainierten Körper und dieser wunderbaren (und ziemlich teuren) Aufsprüh-Bräune anfangen soll. Ich werde wohl meinen eigenen Video-Blog ins Leben rufen müssen. Aber das ist mein Problem, da brauchen Sie sich keine Gedanken zu machen.

Ich hoffe, Sie haben das Buch nicht willkürlich auf dieser Seite aufgeschlagen, denn dann kenne ich Sie ja noch gar nicht richtig, und ich finde, Sie sollten so wie jeder andere erst mal das Buch von Seite eins an lesen.

Sind die Leute weg, die einfach hier aufgeschlagen haben? Meine Güte, was waren das für Typen. Gut, jetzt aber wieder zu meinen Lesern, die das ganze Buch gelesen haben, nämlich ... Sie. Wie Sie sich inzwischen sicher schon denken können, habe ich leichte Schuldgefühle, weil ich die Wirklichkeit des Elterndaseins so ungeschminkt geschildert habe, vor allem da meine Eltern mich immer so unterstützt haben. Um meine Schuldgefühle als Bestrafung noch zu verstärken, möchte ich eine Liste der Bücher zusammenstellen, bei denen es meinen Eltern lieber gewesen wäre, wenn ich die anstelle des vorliegenden Buches geschrieben hätte. Wenn ich mit dem Buch hier fertig bin, werde ich *all* die anderen Bücher auch noch schreiben. Versprochen.

- *Meine Eltern sind großartig*
- *Wie geht man mit allzu großartigen Eltern um?*
- *Richtig erzogen*
- *Wie ich mit 21 meine erste Million verdiente – eine wahre Geschichte*
- *Warum meine Mutter meine beste Freundin ist – ein Weihnachtsmärchen*
- *Mein Vater, der Held – ein Ostermärchen*
- *Mein Bruder ist nicht im Gefängnis, sondern einer der Gründer von Google – Labsal für die Seele*
- *Der Teufel trägt Prada*
- *Der Da Vinci Code*

Fragebogen zum Ende des Buches

1. Was haben Sie aus diesem Buch gelernt?

2. Wie geht es Ihnen jetzt? Sie sehen etwas müde aus. Ich weiß, ich hasse es selbst, wenn Leute sagen „Sie sehen müde aus“, aber Sie sehen wirklich müde aus.

3. Welche fünf LPs/CDs würden Sie auf eine einsame Insel mitnehmen?

4. Und welche fünf Bücher?

5. Glauben Sie, ich werde populärer, wenn sich dieses Buch gut verkauft?

6. Wenn Sie zwischen einem jungen Orson Welles und einem jungen Bob Dylan wählen müssten, mit wem würden Sie dann lieber ins Bett gehen bzw. befreundet sein?

7. Was wäre Ihnen lieber? Fliegen zu können oder unsichtbar zu sein?

Danksagung

Es gibt so viele Menschen, denen ich danken möchte, vor allem meinen Eltern, die dieses Buch so gelassen hinnehmen, dass ich es gar nicht glauben möchte. Jedenfalls glaube ich, sie nehmen es gelassen hin. Ich werde sie später fragen.
Dank an John, meinen Bruder und Schlagzeuger.
Luanne Rice, meine Mentorin und Freundin, die mich unschätzbar unterstützt hat – auch mit in die Hunderte gehenden Mahlzeiten bei Half King.
John Warner, meinen wunderbaren Redakteur, der mir vorschlug, ich solle dieses Buch schreiben, und dessen freundliche Absagen per E-Mail von McSweeneys.net mich ermutigt haben, weitere Ideen einzureichen ... und weitere Absagen zu kassieren. Bis keine Absage mehr kam.
Annelise Robey, meine Agentin, die mir auf ganz sanfte Art die Augen geöffnet und mir klargemacht hat, dass ich ohne sie gar keine Ahnung hätte, was ich da eigentlich mache. Sie ist in ihrem Fach SUPERgut.
Danke an alle meine Freunde: Jessie, Erin, Greta, Annie, Laura, Katharine, Pat, Seth, Jack, Bernadette, Katie, Elise, Lauren, Sarah, Brooke, Katie K., Jen, Handy, Fred und alle anderen.
Meine Familie: den Gammills, den Walkers, Granny und Grandma, Amanda und den Kaplans.
Das Amherst College, das ich aufsuchte, um einen Teil dieses Buchs zu schreiben, wo ich am Ende aber die meiste Zeit damit verbrachte, die Arbeit vor mir herzuschieben (also wie in der guten alten College-Zeit). Ein besonderes Dankeschön geht an

meine unglaublich entgegenkommende Studienberaterin Helen Von Schmidt.

Danke an den ganzen Mitarbeiterstab der *Daily Show*, mit dem ich zusammenarbeiten konnte, und Danke auch an die Mitarbeiter der diversen Bars und Restaurants in New York, in denen ich viel zu viel Zeit verbringe.

Danke auch an alle Übrigen, die ich jetzt vergessen habe, die es mir aber sicher nachsehen werden.